中国历史超好看

唐史
原来超有趣

袁恒毅◎主编　韩成渝◎编著

中国华侨出版社
北京

图书在版编目（CIP）数据

唐史原来超有趣 / 韩成渝编著. —北京：中国华侨出版社，2020.7（2021.9重印）

（中国历史超好看 / 袁恒毅主编；5）

ISBN 978-7-5113-8219-1

Ⅰ.①唐… Ⅱ.①韩… Ⅲ.①中国历史—唐代—通俗读物 Ⅳ.①K242.09

中国版本图书馆CIP数据核字（2020）第100282号

唐史原来超有趣

主　　编：	袁恒毅
编　　著：	韩成渝
责任编辑：	黄　威
封面设计：	阳春白雪
文字编辑：	张亚明
美术编辑：	宇　枫
经　　销：	新华书店
开　　本：	645毫米×920毫米　1/16　印张：10　字数：105千字
印　　刷：	唐山楠萍印务有限公司
版　　次：	2020年7月第1版　2021年9月第3次印刷
书　　号：	ISBN 978-7-5113-8219-1
定　　价：	228.00元（全8册）

中国华侨出版社　北京市朝阳区西坝河东里77号楼底商5号　　邮编：100028

发行部：（010）88866779　　　　传　真：（010）88877396

如发现印装质量问题，影响阅读，请与印刷厂联系调换。

前 言

　　历史是一面鉴古知今的镜子，也是提供知识给养的文化食粮。尤其是对广大青少年而言，读史不仅是积累知识的有效方法，也是提升语文写作能力的重要途径，更是积淀良好文化素养的成功之道。作为优秀的历史读物，《中国历史超好看》将为青少年开启新的阅读视野……唐朝，是我们此时阅读之旅的第五站。

　　这是一个让人心驰神往的巅峰王朝，这是一个气势磅礴的帝国时代。它无比壮丽、无比辉煌、无比炫目：

　　千年前，秦王李世民执长矛、跨六骏，劈开一个新的时代；

　　千年前，皇后武则天建明堂、封泰山，登临全天下的巅峰；

　　千年前，明皇李隆基杀韦后、诛太平，打造最繁华的盛世。

　　打开那一扇通往唐朝的窗户，见那一骑的风采自战火中走来，用开明豁达的襟抱和英雄天纵的才华，编织了大唐江山的辉煌开篇，"兼听则明，偏信则暗"，将天下英雄尽收彀中；听见那一声爽朗的笑声，面对叛乱者"杀姊屠兄，弑君鸩母，人神之所同嫉，天地之所不容"的指责和谩骂，她微笑着细读檄文，叹息着："宰相之过也。人有如此才，而使之流落不偶乎！"正是这样的王者气度，使大唐王朝在一位娇媚女子的手中真正走向了辉煌。

　　忽而，长安市上的酒香萦萦绕绕，吹开了门外的卷帘。一壶酒、一杯茶让整个都市馨香四溢，香气中带着兴旺与繁华，延伸到扬州、蜀州，"扬一益二"成为世间佳话；挥洒至敦煌，开启了古老的文明；漂洋过海，让东西方的文明交汇。

然而，唐朝亦未能脱离盛极而衰的历史规律。一场大乱结束了开元盛世的绚丽，留下"流血涂野草，豺狼尽冠缨"的满目疮痍，虽然痼疾缠身、日薄西山，但仍然有新的发展留给后人，募兵制、两税法的光辉一直照耀到整个宋朝。

唐朝人喜欢好诗，白居易初到长安，被人嘲笑"长安百物皆贵，居大不易"，待展示出"野火烧不尽，春风吹又生"的千古名句后，又被连连赞叹："有句如此，居天下亦不难。"这是唐朝人对文化的尊重与推崇。

千年以降，一切都已烟消云散，唯留下点点遗迹、数声叹息，和史书里、诗作中那充满怅惘的回忆与凭吊。然后，就有了这部书，将唐朝三百年的鼎盛与衰败、和平与动荡、文明与沦丧一一收录。

本书以正史为蓝本，注重还原真实历史，为青少年梳理构建完整的历史脉络和框架。全书语言通俗易懂、生动有趣，故事精彩纷呈、博人眼球，让青少年花最少的时间轻松读历史，从而培养他们对历史的浓厚兴趣。通过精彩的人物事迹和历史故事，也能提升青少年的历史知识，开阔他们的视野，奠定他们受用一生的历史文化基石。

此刻，让我们一同走进唐朝的过往，一起去透过历史迷雾，还原历史真相吧！

唐史原来超有趣

NP

目录

第一卷 高祖开国,旭日初升的曙光

第一章 隋末乱世,群雄逐鹿的舞台 ················ 2
  乱世风云的前奏 ·· 2
  折在辽东的铁杖 ·· 4
  灭亡指日可待 ··· 8

第二章 代隋立唐,从唐公到唐皇 ················ 11
  "半仙"的力量 ··· 11
  晋阳兵变:大业的开端 ·································· 13

第三章 一统天下,锋不可当的大唐马刀 ········ 16
  风云迭起,李氏并不孤独 ······························ 16
  优待俘虏有好处 ··· 18

第四章 玄武门之变,兄弟之血铺就登基之路 ····· 23
  再逼我,就把你吃掉 ···································· 23
  兄弟相争,秦王登极 ···································· 27

第五章　贞观之治，光照百代的盛世牡丹……………… 30
　　蛋糕的切法 …………………………………………… 30
　　一头是吏治，一头是军制 …………………………… 34
　　治世，以人为本 ……………………………………… 39

第二卷　女主临朝，波澜起伏中成长

第一章　二圣争锋，从尼姑到皇后的心路历程………… 44
　　一个乳名引发的血案 ………………………………… 44
　　从尼姑到皇后 ………………………………………… 48
　　废王立武 ……………………………………………… 51

第二章　李武之争，女皇的困境与努力………………… 54
　　儿子与侄子的抉择 …………………………………… 54
　　神龙政变，女皇走下神坛 …………………………… 58

第三卷　盛极而衰，惊心动魄的拐点

第一章　开元盛世，登上大唐王朝的巅峰……………… 64
　　不是只有刘备才会哭 ………………………………… 64
　　十事要说说时事 ……………………………………… 68
　　大唐不差钱 …………………………………………… 71

第二章　长恨悲歌，此恨绵绵无绝期…………………… 76
　　牛不能随便吹 ………………………………………… 76

误信奸佞，自毁长城 …………………………………… 82
　　被牺牲的女人 ………………………………………… 87

第三章　乱世登基，走出战乱的艰辛之路 ……………… 91
　　收复两京 ………………………………………………… 91
　　这个句号不很圆 ………………………………………… 97

第四卷　夕阳西下，无可挽回的衰败

第一章　昙花一现，再建盛世的努力 …………………… 100
　　搬起石头砸自己的脚 ………………………………… 100
　　一年两次，轻松交税 ………………………………… 104

第二章　元和中兴，朝廷对藩镇的短暂胜利 …………… 107
　　第三天子 ……………………………………………… 107
　　别逼朝廷对付你 ……………………………………… 111
　　失败的成功暗杀 ……………………………………… 114

第三章　宣宗之治，最后的希望之光 …………………… 119
　　装傻装出来的皇位 …………………………………… 119
　　小太宗，拥有大能量 ………………………………… 123
　　朕不是软柿子 ………………………………………… 126

第四章　盛世末路，起义蜂起的乱局 …………………… 130
　　一切为了回家 ………………………………………… 130
　　满城尽带黄金甲 ……………………………………… 135

第五章 日落长安，众叛亲离的大唐残照 …………… 140
被挖墙脚的杨复恭 ………………………………… 140
被宦官囚禁的皇帝 ………………………………… 144
帝国日落 …………………………………………… 147

第一卷

高祖开国，旭日初升的曙光

第一章

隋末乱世，群雄逐鹿的舞台

乱世风云的前奏

唐之兴，兴于隋。隋朝这个短命的王朝从开国之君隋文帝暴毙身亡，杨广登基称帝开始，就注定了它走向穷途末路的悲剧。历史最具魅力之处就是它时时刻刻都充满了巧合，虽然隋炀帝杨广毁灭了隋朝，然而正是在颓然倾倒的大隋废墟的滋养之下，才开出了光辉炫目的大唐盛世牡丹，回首遥望，于杨广、于杨氏家族来说，却不知应当是悲是喜。

唐朝的开国之君李渊长于隋朝，从血缘关系上来说，李氏家族和杨氏家族有着莫大的联系，唐高祖李渊与隋炀帝杨广是拥有同一个外祖父的表兄弟，也算得上骨肉至亲。李、杨两家的荣辱兴衰就如两条线，交织出隋末那英雄辈出的岁月，因此说到唐朝的开创，说到李渊的建国，就不得不提及杨广和那昙花般盛开骤谢的隋朝，提及那段传奇般的往事。

将杨广和李渊联系起来的是一个女人，而这个女人就是历史上著名的独孤皇后。独孤皇后是北周重臣独孤信的女儿，地位十分尊贵，独孤家族对杨坚建立隋朝提供了极大的帮助，因此杨坚始终对独孤皇后十分尊重，以致到了"惧内"的程度，甚至曾经因为独孤皇后的善妒而离宫出走。不过，除了忌妒心稍强之外，独孤皇后并没有倚仗家族势力而变得虚荣自大、恃强凌弱，相反，她性格温婉，仁孝淑德，称得上是一位不可多得的好皇后。

据说，当时幽州总管阴寿向上报称，在与突厥的互市中，有一匣价值不菲的明珠，其他人都无力购买，于是劝独孤皇后买下这稀世珍宝。但以国家为重的独孤皇后回答道："非我所需也。当今戎狄屡寇，将士罢劳，未若以八百万分赏有功者。"意思是与其花重金买下这匣宝珠，不如将钱用来犒赏对国家和人民有功劳的将士，可见她的仁爱之心。

隋炀帝杨广就是这位独孤皇后的亲生嫡子，而李渊则是独孤皇后的四姐之子。就是这个在历史上连名字都没有留下的女子，用她的一生大大影响了整个隋朝的命运，隋朝的诞生和兴盛，隋朝的衰弱和灭亡，都和这位奇女子有着千丝万缕的联系。是她，被城府颇深的杨广蒙蔽了双眼，将储君的筹码押在了后来的亡国之君隋炀帝的身上；也是她，保护和培养着她的外甥李渊，为他后来晋阳起兵创下伟业打下了基础。

乱世与盛世相交迭，统一与分裂相轮替，这似乎是一条无法改变的规律。细读中国历史，历朝历代都是在纷乱和统一中完成它的征程的。从东汉末年开始，中国的社会就一直处于动乱之中，魏、蜀、吴三分天下之后，由西晋王朝短暂地统一了南北。西晋灭亡之后，中国大地总体上分成了南北两块，并且这个状态一直持续到了北周末年。隋文帝杨坚继秦始皇、汉高祖和晋武帝之后创立了隋王朝，再一次统一了南北。

公元581年，杨坚取代了北周的末代皇帝周静帝宇文阐，顺利登上了皇帝的宝座，建立了隋朝。在隋文帝的统治之下，中国的军事、政治、经济等诸方面都有了长足的发展，社会稳定，经济繁荣，整个国家焕发出勃勃生机。据《隋书》记载，当时隋朝"仓廪实，法令行，君子咸乐其生，小人各安其业，强无陵弱，众不暴寡，人物殷阜，朝野欢娱"。这就是所谓的"开皇之治"，也是隋文帝在历史上不能被抹去的功绩。

而此时的李渊只是一个默默无闻的青年，因为杨家主宰了天下，他作为皇亲国戚也得以进入宫廷担任千牛备身之职，负责保卫隋文帝的安全。如果不是后来表弟杨广的弑父夺位、倒行逆施，毁掉了杨氏江山，李渊或许一辈子都会以皇亲国戚的身份享受着尊荣，平淡无奇地度过自己的一生。

然而历史就在任何人都没有预料的时刻悄无声息地发生了转折，将两个年轻人导向了截然不同的人生之路，也将整个时代导向了截然不同的历史道路。正当隋文帝雄心不已、殚精竭虑地为帝国打下雄厚的基础，以期大隋王朝千秋万代，生生不息之时，却没有想到，在他的身后，一场以皇位为斗争中心的骨肉厮杀即将悄然上演，而此时已经外放为官的李渊却在岐州静静等待着机会的到来。

折在辽东的铁林

隋之亡，亡于征辽东。

隋文帝勤于国事、宵衣旰食，给杨广留下了一个相对富足的国家，然而富裕的国库却给隋炀帝的东征西讨、穷兵黩武创造了条件。一直向往成为千古之帝的杨广，心中怀着这样一个伟大的理想，《隋书·帝纪》称其"慨然慕秦皇汉武之事"，他的梦想就是超过不可一世、千古一帝的秦始皇和武功显赫、创造大汉盛世的汉武帝刘彻。于是在他即位之初，就开始了一系列的对隋朝周边各国的军事和外交活动。

这些活动包括大业元年以突厥之兵突击契丹和南下攻打林邑（今越南中部）；大业三年迎接突厥启民可汗来朝；收复西突厥；大败吐谷浑，等等。虽然，新帝即位之初应当与民休息，暂不言战，但隋炀帝的这些军事外交活动对隋朝的发展或多或少都产生了一些积极的影响。然而其后隋朝对辽东发动的三次大战，却几乎使这个国家耗尽了所有的气力，更使隋炀帝众叛亲离，看似繁盛一时的大隋江山的崩塌和灭亡已经触手可及。

当时在朝鲜半岛上分布着三个国家，分别是百济、新罗和高句丽，而被隋炀帝视为"眼中钉""肉中刺"的高句丽位于朝鲜半岛的北部，是朝鲜半岛上势力最强的国家。隋朝和高句丽的关系可以说是十分微妙的，高句丽因国力的逐渐上升不甘臣服于中原大国，杨坚建立隋朝之后，高句丽王曾联合靺鞨试图侵扰辽西，但遭到了隋朝军队的强烈反击。迫于隋朝强大的实力，高句丽国王高元遂遣使向隋文帝谢罪，甚至称自己为"高句丽粪土臣高元"，所以这件事也就不了了之。

而一心想一统天下的隋炀帝却认为高句丽"眷彼华壤，翦为夷类"，因此想要收复西晋时期失去的辽东故地。大业三年（607年）八月，高句丽王派使者出使东突厥却没有派人出使隋朝，这一点让隋炀帝十分不满。这时，大臣裴矩向隋炀帝建议向高句丽下最后通牒，倘若辽东还不派人来朝，就发兵攻打高句丽。因为裴矩在处理西域和吐谷浑的问题上建有大功，隋炀帝这次也听取了他的意见。从某种程度上来说，是裴矩将固执的隋炀帝引向了三征高句丽的歧途。

但让人诧异的是，小小的高句丽根本没把隋朝的威慑放在眼里。高句丽王迟迟不肯来朝令隋炀帝愤怒不已，于是下令东征。就在隋炀帝决定东征的那一刻，他和隋朝的命运也将发生巨大的转折。

东征的命令下达之后，全国上下都开始为即将到来的战争忙碌起来。为了扩充水军，朝廷在东莱（今山东莱州）海口督造了三百艘战船，其他如兵车、战车等更是数不胜数。隋炀帝更是在淮河和长江以南征集了弓箭手三万人、突击手五万人，还将洛口仓和黎阳仓的粮食调到涿郡以备战争之需。为了准备这次大战，隋炀帝可谓倾尽全国之力。他一心想在军事上比肩汉武帝，却不知道长期的战争势必带来国库的空虚，不仅伤财而且劳民，长此以往，百姓失去了活路，必将民心骚动、天下大乱。

当时为辽东备战的民夫由于长期没日没夜地为朝廷赶制战船，死亡率极高，几乎达到了百分之四十。隋朝的劳役十分严苛，这些劳役不仅是无偿的，百姓还要自己承担为朝廷工作时所需的口粮等，所以多数民夫都忍受不了这样的"苦役"，四处流亡，这些人也成为后来农民起义其中的一部分力量。

大业八年（612年），隋朝百万大军在涿郡聚集，二十四军分为左右两翼开始向辽东进发。祭拜过祖先和诸路神灵之后，作为大军统帅的隋炀帝亲自率领六军尾随在大军之后。这次出征的规模相当宏大，旌旗连绵，大军首尾相连，几乎达到了一千余里。除了二十四军陆军之外，大将来护儿还带领水军从东莱出发，直指平壤。

出发前的隋炀帝可谓意气风发，信心满满。隋军的强大和高句丽的弱小形成了强烈的对比，高句丽想要反抗隋军可谓以卵击石，这场战争的结果似乎早就可以预料得到。但事情并不像想象中那样发展顺利，隋军从渡过辽河之时就开始了它的悲剧。

因为之前为渡河打造的浮桥长度不够，隋军在渡河的时候受到了高句丽军的袭击。面对这种情况，重新建造浮桥已经来不及了，隋朝将士虽然艰难向前，但还是抵抗不住高句丽军的长枪。这时一个人站了出来，他就是隋朝的一位传奇人物，左屯卫大将军麦铁杖。

这位麦铁杖可谓是隋朝的一位奇人，他骁勇善战，走路速度堪比飞马，传说一日可行五百里。早年的麦铁杖以打家劫舍为业，后被广州刺史收为府中的杂役。然而，当上官府杂役之后的麦铁杖根本不习惯这种日子，过惯了自由生活的他依旧每天晚上行走一百多里到邻近的县镇干自己的老本行——打劫。

纸包不住火，麦铁杖最终还是被人认出，离开了刺史府。后来，他一直都在江东流浪，隋朝平定江东之时，杨素发现了麦铁杖的才华并重用了他，麦铁杖也不负重望，在平定过程中立下了大功。之后，成阳公李彻将麦铁杖调到了大兴，他就一直跟着杨素南征北战，立下了不少战功，隋炀帝杨广也十分看重他。这次隋炀帝下令东征，麦铁杖就主动请缨担任了大军的前锋。

麦铁杖看到隋军渡河之时遇到了这种情况，就单枪匹马冲到了河岸边，随后虎贲郎将钱士雄和孟叉也跟了上来，这三人与岸上的高句丽兵展开了殊死搏斗。虽然这三人都武艺高强，但无奈岸上的高句丽士兵越来越多，后面的隋军也无法接应他们。寡不敌众，麦铁杖终于实现了他临行前的誓言，以身殉国，战死沙场。

麦铁杖的死让隋炀帝痛心不已，他下诏追赠麦铁杖为光禄大夫、宿国公，并对他有"节高义烈，身殒功存"的评价。经过重重阻碍，隋军最终还是渡过了辽河，顺利地对辽东城（今辽宁省辽阳市）形成了包围。

"兵者，诡道也"，事实上，隋炀帝一开始就犯了一个错误。战阵还没开始之前，他就下令三军，一旦高句丽投降就要立即安抚他们，切不可轻举妄动。高句丽军正好利用了隋军的这个弱点，多次假装来降，弄得隋军烦不胜烦，战斗力锐减。历时两个多月，辽东城依然久攻不下。

陆军在辽东城前疲惫不前，来护儿率领的水军情况也不容乐观。按照一开始的计划，在陆军渡辽河攻打辽东的时候，由大将来护儿带领水军沿大同江而上，直击平壤。高句丽虽然国力远远比不上隋朝，但还是坚守自己的城池，殊死抵抗，平壤城久攻不下。来护儿的水军在平壤城战败之后，三十多万陆军也在宇文述等人的带领下来到了平壤城下。时间一天天过去，平壤却坚如磐石，怎么攻也攻不下来。

此时，隋军的危机来了，粮草渐渐不够了。无奈，隋军只好向后撤退，以图再进。然而高句丽军在隋军支撑不住开始撤退之时，在清川江重击了隋军。毫无准备的隋军乱了阵脚，士兵四处逃散，一时间死伤无数。

大业八年（612年）七月二十五日，隋炀帝回到了出发地——涿郡，隋朝大军在出征之时何止百万，而这一战"资储器械巨万计，失亡荡尽"，最终回来的只有区区二千七百余人，初征辽东以惨败告终。隋炀帝此后又进行了第二次、第三次征辽东，但他没有意识到，一场更大的危机正等待着他。

灭亡指日可待

如果说三征辽东的失败是在客观上给隋朝带来了毁灭性的打击，那么发生在公元615年的雁门之战，则是从主观上彻底挫败了不可一世的隋炀帝。经历了雁门之围，曾经雄心勃勃的隋炀帝意识到自己既不是千古明君，也不是常胜不败的英雄，比肩汉武帝更是遥不可及的一个梦，他的自信心和自尊心丧失殆尽，从此一蹶不振。雁门，成为了隋炀帝，甚至是整个隋朝大业之梦破碎的地方。至此，隋朝这个盛极一时的王朝便一步步走向了溃败的边缘，再也没有回转的余地。

突厥一直以来就是隋朝的心腹大患，既不能发兵一次性将它平定下去，也无法收买安抚，是个让人头疼的大麻烦。隋朝廷曾经试图以"突厥打辽东"这个一举两得的办法来瓦解突厥的势力，最后将其消灭，但并没有成功。征辽战役的失败让隋朝元气大伤，而突厥始毕可汗的实力却在此时悄然增长。眼见隋朝内忧外患相交织，始毕可汗感觉到和隋炀帝一较高下的机会到来了。

大业十一年（615年）八月，隋炀帝杨广照旧乘着銮驾，带着仪仗，浩浩荡荡地前往塞北巡游。但不久之后，他意外地收到了远嫁突厥的隋朝义成公主的急报，称始毕可汗阿史那咄吉已经集结十万铁骑在边境伺机而动，可能对皇上造成威胁，劝隋炀帝加以防范。但隋炀帝认为突厥的实力不足为惧，而且在边境屯兵给隋朝造成威胁是其一贯的伎俩，所以并没有十分在意。

八月十三日，隋炀帝的銮驾顺利地抵达了塞北边境——雁门。到了雁门之后，他并没有看见任何风吹草动，一切都和往常一样。面对这样的情况，隋炀帝更加肯定始毕可汗只是故弄玄虚而已，根本不敢出兵来犯，因此便放松了警惕。但出乎隋炀帝意料的是，第二天，突厥的骑兵部队就以迅雷不及掩耳之势包围了雁门城并占领了雁门郡治下的三十九个城池，雁门郡城告急。

此时，雁门郡已经被突厥人包围，援军又没有到来，只能据城坚守。

隋炀帝马上下令将士将城内的民居拆除，拿这些材料来修建防御工事，抵抗突厥人猛烈的进攻，但让所有人不安的是，雁门城内储存的粮食仅仅够全部军民食用二十天。二十天后，如果这场危机还没有解除，雁门郡将不攻自破，而城内包括隋炀帝在内的所有人都有可能在突厥人的刀下丧生。

面对如此危急的情况，隋炀帝马上召集了随行的大臣们商讨对策。隋炀帝的心腹宇文述率先站了出来，他认为应该立即组织一支精兵部队来掩护皇帝突围，但被大臣苏威否决。苏威和樊子盖等人认为皇帝是社稷之君、万乘之主，突围之法太过冒险，一旦被俘，后果不堪设想，不到迫不得已是万万不可行的。

樊子盖向隋炀帝建议，过去战争太过于频繁，因此伤了民心。现在只有皇帝下令不再征辽东并以重金嘉奖守城将士，收回军心，假以时日，定能破突厥之围。面对大臣们的各种建议，隋炀帝也是一筹莫展，难以抉择。这时，内史侍郎萧瑀向隋炀帝提议，是否可以让始毕可汗阿史那咄吉的妻子义成公主想办法劝说他退兵。

萧瑀提出这样的建议是有原因的。和亲是历朝历代中央政权和边境少数民族政权交往的有效途径之一，而隋炀帝的堂妹义成公主就是出于这样的原因才嫁到突厥。和中原地区不同，在一些少数民族地区女性的地位比较高，因此义成公主虽是女流之辈，但作为阿史那咄吉的妻子，她在突厥还是有一定的地位的，可以参与商议军国大事。

听了萧瑀的建议，隋炀帝马上派出密使从小路火速前往突厥，希望能够求得义成公主的帮助。为了保证万无一失，隋炀帝还昭告天下，命各郡各县率兵前来勤王救驾，解救雁门之围，并许以重赏。

两路兵马派出之后，情况渐渐有了好转。一方面，义成公主接到隋炀帝的求援，马上就给始毕可汗送了一封假情报，称突厥边境告急，劝他赶紧率军回来解救。另一方面，在隋炀帝的号召下，各地的勤王之师也陆陆续续向雁门郡开来，就连后来的唐太宗李世民也在其中大展拳脚。

隋朝的援军声势浩大，始毕可汗心中也生出一丝恐惧，再加上义成公主的"情报"，一贯秉持"打不赢就跑"态度的他马上下令撤兵。形势陡然间发生了如此大的转变，隋朝虽然不战而胜但是也颜面尽失。突厥方面一撤兵，隋炀帝为了挽回面子，便掉转头来开始追击，但也没有收到多少成效，只俘虏了一些老弱残兵。

发生在雁门的这起事故就像是一场梦，来得毫无征兆，走得更是毫无痕迹，但这一切给隋炀帝带来的是难以言喻的失落。自从登基以来，杨广一直想成就一番大业，却一直在失败，从来没有享受过成功的喜悦。如今辽东未平，突厥又蠢蠢欲动，国内也是民变四起，他自己无一日不在受着天下人的责难，这一切几乎让隋炀帝丧失了所有的尊严和自信。自此，隋炀帝一步步走向了消极和保守，他从内心深处否定了自己，而他的消沉也带领整个王朝走向末路。

事实上，雁门之围真正给隋朝带来的巨大影响并不是来源于他本身，而是在于隋炀帝当初下诏之前的那个承诺。大业十一年九月，回到太原的隋炀帝不顾群臣的反对，放弃大兴城，回到了东都洛阳。

回到洛阳之后，就到了论功行赏的时候。按照原来的诏令，凡是在雁门守卫战中立下战功的士兵和百姓都能直接获得六品的官衔，并能得到一百匹绸缎的赏赐，而其余有官职在身的官员则是按功逐级晋升。但事实上，隋炀帝并没有履行当初的承诺，本来参加守城的一万七千名士兵全都应该受到嘉奖，但隋炀帝只答应给其中的一千五百个人赏赐，赏赐的内容也大打折扣。

隋炀帝这样的态度让所有将士不满，皇帝是天下人的表率，居然如此不信守承诺，朝廷的公信力何在？处于危险之时便假言悬赏让人替他卖命，危机解除之后便翻脸不认人，这样的君主以后还有谁会对他忠心耿耿呢？

眼见皇帝让天下人寒了心，民部尚书樊子盖又一次站了出来。他上书坚持要求隋炀帝按照当初的承诺给守城将士应有的赏赐，却以"妄图收买军心"被皇帝驳回，樊子盖后，再也无人敢提及此事。从此之后，隋炀帝在天下人眼中威信全无，民心尽失，在他的统治之下，隋朝的灭亡指日可待了。

第二章

代隋立唐，从唐公到唐皇

"半仙"的力量

和隋炀帝杨广一样，唐朝的开国皇帝——李渊也是北周贵族出身。他于北周武帝天和元年（566年）出生于长安，祖父李虎是北周的八柱国之一。当年李虎和宇文泰等人一手创建了北周的天下，后被追封为唐国公，可谓荣宠集于一身，为世人所钦羡。

李渊幼年丧父，七岁时，他便承袭了父亲唐国公的爵位。由于父亲去世得早，年幼的李渊从小就养成了一种较为独立的性格，和其他的贵族子弟相比，他为人"倜傥豁达，任性真率，宽仁容众，无贵贱咸得其欢心"，更没有沾染上贵族子弟的恶习。当时有个叫史世良的人，十分善于摸骨相面。他曾在给李渊相面之后，对他说道："公骨法非常，必为人主。愿自爱，勿忘鄙言。"李渊听了之后大喜过望，从此更加注重自己的言行举止。

杨家的地位在北周时期原本不如李家，但如今杨家成了帝王之家，再加上李渊父亲早逝，李家的地位就逐渐衰落了下来。隋文帝代周建隋之后，年轻的李渊得以进入宫廷担任皇帝的近侍，即当时所说的千牛备身，任务是保护隋文帝的安全。

隋文帝为人十分勤勉，常常为了朝政耽误了休息的时间。作为他的侍卫，李渊的工作看似轻松，其实却十分辛苦。隋文帝的独孤皇后与李渊的母亲是亲姐妹，因此她对这个外甥十分喜爱。李渊虽然幼年丧父，但姨妈独孤皇后对他关怀备至，因此李渊和杨氏家族的感情很深。凭借着和隋朝皇室的深厚关系和自身拥有的才华，李渊的仕途一直都走得比较顺利，并很快就得到了朝廷的器重。

在担任千牛备身的几年时间内，李渊的表现不错，于是隋文帝决定派他到地方上去历练历练，以便增长李渊的才干，更好地为国家效力。离开了京城的李渊先后担任过谯州刺史、陇州刺史和岐州刺史等官职。李渊性格豁达，对人也十分和善，他为官所到之处，百姓都交口称赞。他又喜欢广交朋友，结纳豪杰，因此朝野上下都对他赞叹不已。

在李渊外放为官的期间，晋王杨广凭借他的狼子野心顺利地排挤掉了自己的哥哥太子杨勇，继承了隋文帝的帝位。隋炀帝即位之初，李渊正在楼烦郡担任太守，后又被隋炀帝召回朝中任殿内少监一职。在这段时间内，隋炀帝可以说对李渊还是比较信任的。

隋炀帝在出征辽东之时，还将督运粮草的重担交给了时任卫尉少卿的李渊。隋炀帝二征辽东时，杨玄感在黎阳起兵叛乱，李渊遂奉命在弘化郡担任留守并掌管着关右诸军，此时的他已开始逐渐掌握了一些兵权。

连年的暴政使隋末农民起义爆发，天下大乱，隋炀帝对自己的统治越来越力不从心。再加上年龄的增长和四起的流言，他的猜忌心越来越重。李浑一家被灭之后，隋炀帝的目光便转移到了其他的李姓贵族身上，这中间，当然包括了在外地做官的李渊。

隋炀帝对于李渊的猜忌甚至一度达到了希望除之而后快的程度。据说有一次，隋炀帝急召李渊去他的行在觐见，李渊惧怕隋炀帝，因此称病没有前去。隋炀帝对于李渊的推脱十分不满，马上召来在宫中为嫔的李渊的外甥女王氏前来询问。隋炀帝问王氏道："你舅舅为何迟迟不肯入宫呢？"王氏低头回答道："舅舅因为得了病所以没能前来。"隋炀帝听言，说道："病了怎么还没有死？"

其实，李渊也逐渐感觉到了隋炀帝对自己的猜忌。为了打消隋炀帝心中的怀疑，他开始纵情声色，酗酒、受贿、游荡于青楼楚馆之间，竭力地掩盖自己的真实行为。不仅如此，李渊还收集了众多的钱财和珍贵的玩物，不停地向隋炀帝进献。自秽这一保命的招数在历朝历代已经屡见不鲜，但隋炀帝还是被眼前的景象迷惑了。他开始认为李渊不过就是个酒色之徒，根本不会对自己造成多大的威胁，不必太过担心。

顺利逃过一劫的李渊从此迎来了他的春天，因为隋炀帝对他的怀疑慢慢减淡，他更加官运亨通。大业十一年（615年），李渊奉朝廷之命前往山西镇压当地的农民起义。隋朝的平叛大军在李渊的率领下抵达龙门之时，受到了农民起义军首领毋端儿的猛烈攻击。李渊当即率兵迎战，将毋端儿打得落荒而逃，他也因此官至右骁卫大将军并任太原道抚慰大使。

大业十三年（617年），这一年可以说是李家和杨家命运开始逐渐发生逆转的年份。就是在这一年，李渊被任命为太原留守。而此时，农民起义的战火已经在各地点燃，各地的有识之士都纷纷举起大旗反抗隋炀帝的暴虐统治，隋朝的统治已经是日薄西山。而李渊，也即将在隋末的历史上翻开属于自己的一页，在这乱世风云中焕发出夺目的光彩。

晋阳兵变：大业的开端

大业十三年（617年），李渊升任太原留守。太原，是隋朝西北的边防重镇，此处"控带山河，踞天下之肩背，为河东之根本"。不仅如此，隋朝在这里储备了充足的军用物资，军事地位十分重要。就是在这里，李渊将要迈出历史性的一步，天下，将要在李家人的手中峰回路转、柳暗花明。

大业十三年，起兵诸事都已经准备妥当。六月五日，李渊宣布在晋阳起兵，并向太原各个郡县发布了公告，号召各郡县听从他的指令，一起拯救天下苍生。在起兵前的誓师大会上，李渊历数了隋炀帝的诸多罪状，并声称自己要拯救天下万民于水火之中。自此，晋阳起兵正式开始，李家父子也即将踏上建立千古伟业的历史征程。

虽然打的是"尊隋"的旗帜，但是对于李渊起兵的真实目的，天下大部分人是心知肚明的。尽管如此，面对隋炀帝的暴虐统治，很多人还是赞同了李渊的做法。再加上李渊起兵之后，便下令打开太原的官仓，救济了许多当地的穷苦百姓。于是，越来越多的人都前来加入李渊的起义大军，起义军的声势便逐渐壮大了起来。

有支持的当然就有反对的，西河郡就是其中一个鲜明的例子。西河郡是太原的大郡，也是太原通往长安的重要通道，可以说地理位置十分重要。面对西河郡的公然反抗，李渊决定杀鸡儆猴。他马上下令，命李建成、李世民等人率兵攻打西河郡。可贵的是，李家的军队一路上对百姓都十分尊重，甚至可以说秋毫无犯。如此一来，李家的军队在山西就获得了很大的声誉，不少人都称他们为仁义之师。

虽然西河郡公然反抗李渊起兵，但在仅仅五天的时间内就被气势高昂的李家军攻破了，郡丞高德儒也被李世民扣押。城池一被攻破，整个西河郡就陷入了恐慌之中。这又是为什么呢？因为在隋末乱世，抵抗失败后惨遭屠城是一种很常见的现象，西河郡的百姓十分担心李家军也会沿用此惯例。但为了稳定民心，李世民只下令处斩了西河郡郡丞高德儒，并没有伤害到西河郡其他无辜的百姓。

西河郡一役，李家军向天下展现了自己的风范，他们是"清君侧"的仁义之师，绝不会不守信用、滥杀无辜。西河郡大胜的消息传来，李渊本人也十分赞赏李世民的做法，一向沉稳谨慎的他也无比兴奋地言道："以此行兵，虽横行天下可也。"

六月十四日，李渊宣布在太原成立大将军府，自己任大将军，封刘文静为司马，裴寂为长史。随后又下令成立三军，封世子李建成为陇西公，左领军大都督，统领左三统军；次子李世民为敦煌公，右领军大都督，统领右三统军；剩下的中军则由自己亲自领导。随后又封李元吉为太原郡守，命他留守太原，稳定后方。至此，李唐王朝的政治军事机构可以说初步形成了。

事情发展到了这里,晋阳起兵已经打下了非常稳固的基础,接下来要做的就是一步步向长安挺进了。七月,李渊亲自率领了三万大军向霍邑进发。在霍邑,他遭遇了隋朝将领宋老生的部队。听闻李渊率兵来攻,宋老生带了两万精兵前来抵抗,但终不敌李渊。攻下了霍邑之后,李家军又马不停蹄地占领了临汾和绛郡等城池,一路势如破竹,最终抵达了龙门。

到达龙门之后,李渊下令将手下的军队分为两部分,由主力部队由此向河东进发,阻击驻扎在那里的隋朝大将屈突通的部队,另一支军队渡过黄河夺取关中。兵分两路后,李渊马上率主力部队向河东进发,并在这里顺利地渡过了黄河。与此同时,王长谐和刘弘基的部队也夺下了韩城,并南下切断了蒲津桥。渡过黄河之后,李渊率部占领了永丰仓等官仓,而此时万年、醴泉等地的官员都表示愿意归降于他。不仅如此,听闻唐国公兵至,不少豪强子弟、江湖英雄都纷纷来投,李家军一时间又壮大了不少。

旗开得胜的李渊决定一鼓作气,直捣长安。他下令,命世子李建成率军驻扎在永丰仓,守住潼关这个咽喉。李世民等人则率大军由高陵、泾阳、武功、鄠县等地一路向长安进发。更为喜人的是,在行军的过程中,前来投奔的官民数不胜数,到了泾阳,部队人数已经达到了九万人。在这之后,李世民等人的军队与李神通和后来的平阳公主的"娘子军"七万余人汇合,声势更加浩大。

十月,李家二十万大军顺利地在长安城外会合,准备攻城。而此时,留守长安的正是隋炀帝的孙子——代王杨侑,辅佐的大臣则是刑部尚书卫玄和左翊卫将军阴世师等人。

李家大军的到来让驻守在长安城里的人慌了手脚,卫玄见大事不妙,又没有办法解决,竟然一病不起,最后死在了家里。卫玄一死,阴世师等人只好勉为其难,督军守城。

十一月,万事已然具备,李渊于是下令大军攻城。自从隋炀帝离开长安后，城中本来就守备不足，再加上李家诸军士气勃勃，不日就拿下了长安城，阴世师、骨仪等人被杀。此时，镇守在河东的屈突通闻得长安城破，即刻下令驻扎在河东的隋军向洛阳撤退。然而这一切都在李渊的预料之中，屈突通部在撤退的过程中遭到了刘文静所率领部队的围追堵截，一时间溃不成军。最后，大将屈突通被刘文静所俘，押解长安。到达长安之后，李渊认为他是个将才，所以并没有杀他，而是将他任命为兵部尚书。

夺取长安之后，十二月，李渊又派人去巴蜀之地招降。按照起义一开始制定的"尊隋"的旗号，李渊在取得了以长安为中心的大片疆土后并没有直接称帝，而是拥立了当时的代王杨侑为帝，并遥尊远在江都的隋炀帝为太上皇。傀儡皇帝杨侑在李渊的扶植下登基后，改大业十三年为义宁元年，而关中，从此就掌控在了李渊手中。

第三章

一统天下，锋不可当的大唐马刀

风云迭起，李氏并不孤独

大业十四年（618年）三月，隋炀帝杨广在江都被宇文化及等人设计杀害，到此为止，隋朝的统治可以说是名存实亡。就在这一年，李渊所率领的军队已经攻占了长安并拥立了隋炀帝的孙子杨侑为帝。因为军事上的接连胜利，李氏集团在此刻获得了极大的政治主动权。不久，李渊在众臣的劝说下，终于接受了隋帝杨侑的"禅让"，在长安的太极殿登基称帝，是为唐高祖。改隋恭帝（杨侑）义宁二年为武德元年，并立长子李建成为皇太子，封次子李世民为秦王，四子李元吉为齐王。

618年是隋末唐初历史上的一个重要转折点，在隋炀帝死亡的前后，全国有三个新生的隋朝政权，分别是长安的杨侑（由李渊拥立）、江都的杨浩（由宇文化及等拥立）和洛阳的杨侗（由王世充拥立）。李渊一开始没有急于称帝是考虑到隋炀帝还身在江都并没有死亡，所谓"百足之虫死而不僵"，隋朝皇室在当时毕竟还是正统，对天下还是有一定的号召力的，如果过早称帝只会成为各方势力攻击的靶子。

因此，虽然李渊、王世充等人无不十分渴望推翻隋王朝，建立一个属于自己的天下，但大多迟迟不肯行动，只是打着"尊隋"的幌子，扶植一个傀儡皇帝，自己甘于隐藏在幕后。而一旦隋炀帝被杀，就纷纷撕下"伪善"的面具，露出了自己的真面目，废掉先前所拥立的隋朝皇室，将利益收归己有。

隋炀帝一死，李渊心里明白此乃大势所趋，他并不想把自己卷入一场毫无意义的争夺隋室正统地位的斗争中去，所以就马上建国称帝。

事实上，唐政权在当时也只不过是一方割据势力，并没有受到天下人的认同。对于一个新生政权来说，李唐王朝仍然潜藏着许多危机。就在李渊称帝的同年九月，宇文化及也仿照李渊的做法将杨浩毒死，在魏州自立为王，建立了许国，国号天寿。在这之后，盘踞洛阳的王世充也将傀儡皇帝杨侗废除，自己当上了皇帝，国号郑，改元开明。

除了上述两个和李唐政权一样是先依靠拥立隋朝皇室，其后再建立政权的割据势力之外，这一时期，各地建立了大大小小、数不胜数的政权。似乎在隋末唐初这个混乱的年代，建国称王也成为一种人人追逐的时尚。在这些新生政权中，较为重要的如下。

魏：前身是翟让所领导的瓦岗寨，后由李密统领。建立魏国，年号永平，地在巩（今河南巩县）。

秦：薛举父子于大业十三年（617年）在陇右建立，国号秦，年号秦兴。建都金城，后迁都天水（今甘肃天水）。

凉：由甘肃人李轨于唐武德元年建立，年号安乐，史称大凉；

定杨：河间刘武周大业十三年在马邑起兵，杀太守王仁恭后投靠突厥，突厥可汗封其为"定杨可汗"。后刘武周称帝，成为西北地区较大的割据势力。

夏：窦建德于大业十四年建立，国号夏，年号五凤，定都乐寿。

梁：兰陵人萧铣所建，国号梁，改元鸣凤，雄踞南方。

除上述政权之外还有杜伏威建立的楚，李子通在江都建立的吴，林士弘在豫章建立的楚，梁师都在陕西建立的梁，刘黑闼在洺州建立的汉，徐元朗建立的鲁以及辅公祏在丹阳建立的宋，等等。

从上面列举的各个政权来看，隋末可谓政权林立，而李唐政权也不过只是其中之一而已。面对这种格局混乱、群雄逐鹿的复杂形势，对于雄心勃勃的李氏家族来说，统一战争势在必行。

凭借自身的势力和手下的精兵良将，这场统一大战前前后后共历时七年（除梁师都在贞观二年被灭）。在经历了浅水原之战、下博之战、虎牢之战和洺水之战等众多为人所称道的大战后，这场战争终于在打败江南的萧铣后完成了它漫长的征程。李唐政权最终也得以在这个混乱的格局中脱颖而出，基本统一了全国，再现了一个大帝国的风云盛世。

优待俘虏有好处

从武德元年开始，李唐王朝的统一战争可以说是进展得十分顺利。在平定了薛举父子、刘武周、王世充和窦建德等人后，武德四年（621年）八月，在李孝恭和李靖的指挥下，唐军又一举平定了南方最大的割据者——萧铣。一时间，就连远在西南的少数民族也都向唐朝派出使者，天下统一指日可待。

就在李唐王朝的统治者在为眼前的太平而暗自庆幸的时候，一个小人物闯入了人们的视线中，他就是窦建德的部下刘黑闼。刘黑闼在河北的起义可以说是唐王朝在统一战争中的一次反复，虽然最终被平定了下去，但还是给唐朝的统一之路带来了一些阻滞。

刘黑闼为什么要在天下人都纷纷归顺于唐的时候举兵反唐呢？这一切要从窦建德在虎牢之战中的惨败说起。刘黑闼是漳南人，自幼与窦建德交好。隋末农民起义风起云涌，刘黑闼也顺应时势参加了起义并投靠了瓦岗军。李密兵败后，刘黑闼被王世充所俘，在他手下担任了一名骑将，驻守在新乡。之后，徐世勣攻打新乡，将刘黑闼献给了窦建德，窦建德封他为将军，并赐予他汉东公的爵位。

武德四年，窦建德在虎牢战败被俘，大臣齐善行和窦建德的妻子曹氏等人逃回了故地洺州。窦建德的将士们不甘心就这样屈服于唐，纷纷建议立窦建德的养子为主，整顿兵马之后等待时机再与唐决一死战。

但齐善行认为李唐是众望所归，再抗争下去不仅徒劳无功，而且会白白丧失更多将士的性命，于是他对众人说道："当初我们落草为寇，不过是因为皇帝无道，我们没有活路罢了。夏王如此英明神武，现在却轻易被唐所擒，难道这不是上天的旨意吗？我们兵败至此，可以说是进退两难，不如就此归顺大唐，这也算是造福天下苍生之举了。"

窦建德的部下们本就都是农民出身，当初造反也是迫不得已，听齐善行如此说心下也纷纷赞同。曹氏是个妇道人家，听了齐善行的劝说便决定将手下的将士遣散回家，主动降唐，以此来换取一条生路。

决定降唐之后，齐善行将府库内的十万缎帛分发给众将士，随后便与右仆射裴矩一起带领百官，奉夏朝传国玉玺和大批珠宝归顺唐朝。于是，夏朝的洺州、相州、魏州等地都悉数归属了大唐。窦建德残部的归顺对于双方来说都可以算得上一件皆大欢喜的好事，但由于唐王朝对俘虏和归降者的处理失当，使这件好事演变成了一场动乱。

古语说"杀降不祥"，所谓的"仁义之师"往往都是不杀降人和俘虏的，再加上窦建德本人非常忠厚，他的部下又在他被俘之后主动遣散部队，带着玉玺来归顺唐朝。对于这种情况，唐王朝本应该对窦建德宽大处理，但事实上，李渊并没有因为窦建德的主动归降而放他一条生路。

武德四年七月初十，被押解到长安的王世充和窦建德走上了两条不同的道路，窦建德被下令斩首示众，而王世充则被流放到蜀地。这样的结果让世人都很难理解，或许是李渊等人认为窦建德德高望重，若不杀他恐怕日后会带来祸患；而王世充论才论德都不如窦建德，留着也无大碍，于是才对他二人作了这样的处理。

不仅如此，唐王朝还对窦建德的旧部作了近乎残酷的处理，"以法绳之，或加捶"，使得"建德故将皆惊惧不安"。事实上，李渊在平定王世充和窦建德后就下令大赦天下，但事情一旦摆到眼前，他的态度发生了如此巨大的转变。

对于李渊这种赶尽杀绝的做法，很多人都不以为然，治书侍御史孙伏伽更上书劝李渊道："陛下您已经下令赦免他们，现在却出尔反尔，让天下百姓怎么看待呢？况且连王世充那样的人你都赦免了，其他的人也应该赦免才是。"对此，李渊虽表面听从，实际上却是一意孤行。

李唐王朝对待王世充、窦建德等人的严酷态度使得天下人心惶惶，一场大的动乱正在酝酿当中。处理完王世充等人后，李渊下令命窦建德的旧部范愿、高雅贤、曹湛等人前来长安听诏。

接到李渊的传召，范愿等人商量道："王世充献出洛阳城归顺了唐朝，但手下的骁将单雄信等人都被杀害，我们若听令到了长安肯定也不会有什么好下场。况且夏王以前抓获了淮安王等人都保全了他的性命，将他送还给唐室。如今李渊抓了夏王却不记以前不杀淮安王之恩，将夏王杀害。我等都是受了夏王大恩的，倘若贪生怕死，不敢起兵为夏王报此大仇，实在是耻于见天下人！"

既然决定了要起兵，自然要推选一个首领。经过商讨，范愿等人决定到漳南去请窦建德的旧部刘雅，求他来主持大事。但当他们找到刘雅的时候，刘雅已经隐居田园，他对来人说："天下适安定，吾将老于耕桑，不愿复起兵。"正当众人为找不头领而手足无措之时，有人想到了同在漳南隐居的刘黑闼，他是窦建德的好友，应当不会拒绝这个请求。

于是，范愿等人找到了刘黑闼，将事情缘由都告知了他。刘黑闼听后，决定带领众人起兵。他杀了自己的耕牛并和范愿等人商讨了大计，七月下旬便带领一百多人攻占了漳南县城。刘黑闼等人势如破竹，又接连攻克了邻近的鄃县等地。眼看刘黑闼的声势一天天壮大起来，不少窦建德的旧部都投奔于他，队伍很快便从几百人发展到了两千多人。

对于刘黑闼等人的反叛，唐朝命淮安王李神通为右仆射，率兵前去镇压。九月，李神通和刘黑闼相遇了，双方交战于饶阳。李神通手下虽有五万兵力，但终不敌刘黑闼，损失近三分之二。刘黑闼初战告捷，军威大振，随后又攻占了定州，并抓获了定州总管李玄通。刘黑闼见李玄通是个有才之人，有意封他为大将军，但李玄通不从，引刀自尽。

之后，刘黑闼又一鼓作气，攻下了罗艺据守的藁城，并活捉了罗艺手下的两名大将——薛万均和薛万彻。罗艺战败之后，只得率部撤回幽州。十二月，刘黑闼率军围攻了宗城，当时的黎州总管徐世勣见刘黑闼来势汹汹，于是便弃城逃走了。刘黑闼闻讯马上率部去追，斩杀徐世勣部五千余人后进入了洺州。经过了几个月的艰苦作战，刘黑闼陆陆续续占领了瀛州、观州、邢州、赵州等地，恢复了许多窦建德的故地。

时机逐渐成熟，武德五年（622年）正月，刘黑闼自称汉东王，改元天造，建立了自己的政权，并将都城建在了洺州。称王之后，他封范愿为左仆射，高雅贤为右领军，基本恢复了窦建德的旧制。之后，他又派使者前往突厥，希望获得突厥的援助。

在刘黑闼起兵之后，不少人都纷纷响应他，据守在兖州的徐元朗虽然已经归顺唐朝，还是起兵追随于他。闻得徐元朗起兵，刘黑闼马上封他为大行台元帅，中原的形势顿时发生了急剧的转变。李渊终于意识到了事态的严重性，马上命秦王李世民和齐王李元吉亲自率大军前去镇压。

武德五年二月，在幽州总管罗艺的配合下，李世民第一次主动攻击了刘黑闼,并夺下了洺水城。刘黑闼不甘失败,围住洺水城日夜攻打。双方就这样僵持了数日,最后洺水城还是被刘黑闼攻破,守将罗士信被杀。

三月中旬,唐军重新夺回了洺水城,驻扎在洺水南岸与刘黑闼对峙。这次,李世民坚守不出,并派兵切断了刘黑闼的粮道。刘黑闼按捺不住想要出战,但李世民又不肯迎战,他便袭击了驻扎在附近的徐世勣。李世民得知刘黑闼偷袭了徐世勣,便趁机从后包抄了刘黑闼,却被刘黑闼反攻。经历了一番苦战,李世民才在尉迟敬德的保护下得以逃脱。

连续的失利让李世民怒火中烧,他派人到洺水上游修筑了堤坝,并下令,一旦他和刘黑闼交战就决堤抗敌。不出李世民所料,刘黑闼几天之后就率两万余人想渡过洺水攻打李世民。正当双方在洺水焦灼的时候,唐朝的守将毁坏了河堤,河水暴涨起来,刘黑闼军被唐军打得一败涂地。刘黑闼见大势已去,只得和范愿等人率领手下的残兵剩将向突厥逃去,河北的叛乱终于被平定。

大败刘黑闼后,李世民又引兵攻打了徐元朗,夺回了十多个城池。六月,刘黑闼联合了突厥重整旗鼓,颇有卷土重来之势。武德六年(623年)一月,李渊派太子李建成率军前去征讨。李建成听取了魏徵的建议,采取了安抚人心的政策。当地的百姓历经了多年的战争,也都希望过上太平的日子,于是纷纷归顺了唐朝。刘黑闼失去了百姓的支持,粮食殆尽,最后大败而逃。不久,刘黑闼等人被俘,二月,徐元朗等人也悉数被杀,这场叛乱终于落下了帷幕。

从武德元年到武德七年(624年),经过了七年的艰苦抗战,唐朝已经基本上在全国建立了自己的统治。直到贞观二年(628年),唐太宗李世民消灭了在朔方的梁帝梁师都,才在真正意义上统一了全国,这些都是后话了。

第四章

玄武门之变，兄弟之血铺就登基之路

再逼我，就把你吃掉

在李渊的所有儿子当中，李建成是嫡长子，根据中国古代皇家"立嫡立长"的继承原则，李建成是皇太子的不二人选。所以在唐朝建立之初，李建成就被立为太子，成为国家的储君。当然，李建成之所以能被立为太子，不仅仅是因为他的嫡长子身份，更是因为他在唐朝开国的一系列战争中立下的功劳，这些战功固然比不上李世民，但也足够使他名副其实地享有皇太子的荣耀。

和唐高祖李渊一样，太子李建成也在"一代天骄"李世民的光环下和那部只属于胜利者的《唐史》中黯然失色。在《旧唐书》中，太子李建成是个性情残忍的庸才，和他同属一派的齐王李元吉也是个"凶狂"之徒。而《资治通鉴》也记载："太子建成性宽简，喜酒色游畋，齐王元吉多过失，皆无宠于上。"但这些记载的真实性和可信度非常值得怀疑，很容易就可以从中看出破绽。

首先，喜爱酒色游猎本来就不是什么天理不容的过错，且历朝历代的王公子弟基本有这些嗜好，李世民本人也不能免。所以，从这些生活小节根本就不能看出李建成是个昏庸之人。

其次，早在太原起兵的时候，李建成就是唐军的左领军大都督，和李世民的地位相当，并无高下之分。从此可见，唐高祖对他的信任感还是很强的，而李建成也不负所望，率领自己的军队立下了不少战功。只是因为他后来居太子之位，常年都是随父亲驻守在长安，没有太多出外打仗的机会，所以在战功方面就渐渐比不上弟弟李世民，但也不能因此就否定他的军事才能。

至于两派之间的争斗，《资治通鉴》中称："世民功名日盛，上常有意以代建成，建成内不自安，乃与元吉协谋，共倾世民，各引树党友。"认为李渊因为李世民功高而想废长立幼是名正言顺的，而李建成和李元吉的反抗则是居心叵测，图谋不轨。《旧唐书》更是将唐朝的三百年兴盛全部归功于唐太宗李世民，称："若非太宗逆取顺守，积德累功，何以致三百年之延洪，二十帝之纂嗣？或坚持小节，必亏大猷，欲比秦二世、隋炀帝，亦不及矣。"歌功颂德的气味未免太浓，不足以作为证明玄武门之变合理性的证据。

按照中国古代的传统，太子作为储君一般都是留在皇帝身边的，一方面可以帮助皇帝处理朝政，另一方面也有利于皇帝对接班人的培养。所谓"君之嗣嫡，不可以帅师"，遇到重大军事事件，太子都是留守京都，这也是对储君的一种保护。正因如此，唐初的许多统一战争都是李世民为将领，很少由太子李建成领军出征。但是李建成留守长安也并无严重失误，可见他对于治国还是有一定的天赋和才能的，并不是个一无是处的庸才。

早在武德二年的时候，太子李建成就开始感受到了李世民给自己带来的无形的压力。魏徵也很明确地对李建成说过："秦王功盖天下，中外归心。"所以，他对秦王集团的防范和猜忌之心也与日俱增，每日惴惴不安。当时的礼部尚书兼太子詹事李纲也曾上书劝谏他，不要听信外间的传言而疏远自己的亲兄弟，但李建成并没有放在心上，依然是日夜饮酒消愁。李纲见他如此，只得辞去官职，默默离开。

秦王集团的势力在一天天壮大起来，李建成感受到的威胁也与日俱增。于是他想尽一切办法扩充自己的实力，以此来和弟弟李世民相对抗。李世民最大的优势就是立下的战功无数，而李建成除了在建国前率兵出战过之外，建国后就一直留在都城，很少有出外的机会。因此留守多年的李建成也蠢蠢欲动,希望多立战功来压制李世民。

　　武德五年,窦建德原来的部下刘黑闼为了给死去的君主报仇,于是举兵反唐。这是一个绝佳的机会,当时的太子洗马魏徵和太子中允王珪都建议李建成道:"如今秦王功盖天下,中外大有归其之势。殿下您身为太子,长久以来居住在东宫,没有建立什么大的功勋来镇服海内。如今刘黑闼率众起事,也不过是残兵败将,不足万人。殿下您应该亲自率兵去攻打他来求得功名,以此来交结山东的豪杰。这样我们就可以安心,不用再受秦王的威胁了。"听了王珪和魏徵的意见,李建成马上向唐高祖请示,要求率军前去平叛。

　　太子本来是不能随意领兵出征的,或许唐高祖也意识到以李建成现在的功勋不足以压制李世民,所以也准许了他的奏请。这次出征,李建成不仅大获全胜,给自己争得了荣誉。更重要的是,他的"亲民"政策使他在河北地区获得了很高的声望,很多人才都投归到他的门下,当时的幽州总管罗艺就在其中。

　　罗艺是隋朝旧臣,武艺高超且英勇善战,在隋朝任虎贲郎将一职。隋末天下大乱,群雄四起,罗艺奉朝廷之命镇压了不少农民起义,在当时声名显赫。武德三年,已经拥有了涿郡一带的罗艺归顺了唐朝,高祖大喜过望,封他为燕王并赐李姓。在征讨刘黑闼叛军的时候,罗艺立下了汗马功劳,后来便留在长安做了左翊卫大将军。

　　投归了太子门下的罗艺后来奉李建成之命私下调遣幽州三百骑兵来保卫东宫。李建成这么做的目的很明确,一是为了保护自己的生命安全,二是为了扩充东宫集团的军事实力。但这件事很快就被人告发,李建成也受到了严厉的惩罚。但高祖的谴责并没有阻止李建成招兵买马的脚步,他还在全国各地招募了两千余人驻守在长林门,这些卫士以保卫东宫为己任,号称"长林兵"。

　　为了给自己的集团增加实力,李建成还拉拢了自己的弟弟——齐王李元吉。李元吉是窦皇后所生的小儿子,和李建成、李世民是同父同母的亲兄弟。所谓"虎父无犬子",李元吉也像他的两个哥哥一样,李元吉武功卓越，能"力敌十夫"。在跟随其兄李世民前去洛阳征讨王世充之时，就有过出色的表现。

当时，由于窦建德援军的到来，李世民在攻打洛阳城的时候采取的是"兵分两路"的策略。由他亲率精锐部队前去虎牢阻击窦建德的部队，而将围攻东都洛阳的使命交给了弟弟李元吉。李世民率军离开洛阳城后，"世充出兵拒战，元吉设伏击破之，斩首八百级，生擒其大将乐仁昉、甲士千余人"。因为他在洛阳的出色表现，李世民才摆脱了后顾之忧，顺利地攻克了窦建德的大军。这一年，李元吉才只有十九岁。

后来，李元吉还参加了平定刘黑闼的战役，在李世民回长安之后，剩下的扫清残余势力的任务也是李元吉率军完成的。虽然说李元吉为人有些骄傲且放纵，但高祖对于他还是十分喜爱的，也并没有因此疏远他。

那么，李元吉为什么要接受李建成的邀请加入太子集团呢？

首先，从平常人的角度来看，李建成是嫡长子又已经被立为太子，继承皇位只是时间问题。而李元吉排行第四，继承皇位的可能性可以说微乎其微。眼见两位兄长为争夺权位闹得不可开交，身为皇子的李元吉既然无法置身事外，就只得选择一面为未来投资。权衡利弊，可能觉得李建成日后继承帝位的可能性更大，所以便加入了东宫阵营。

其次，太子和齐王的联合还有某种程度上的情感因素，那就是李元吉和长兄的关系较好。李世民为人较为严厉，甚至有些苛刻，而李元吉为人比较放纵。再加上他曾经在太原弃城而逃，这也是他军事生涯中最为失败的记录。这件事一直让他耿耿于怀，害怕李世民登基后会因此为难他。而李建成为人比较宽厚，比较容易相处。

但《资治通鉴》中记载，则是说李元吉"见秦王有大功，每怀妒害"，意思是因为妒忌李世民，从而转向与之相抗衡的李建成。又有记载说，是李元吉想要除去两位兄长，自己谋求太子之位，所以先与实力稍逊的李建成联合，铲除了李世民之后再回转头来对付李建成。稍加分析就可以知道，以李元吉的身份和实力，根本无力同建成、世民相抗衡，他投靠李建成也不能说明他有取而代之的想法，所以这些记载都充满了疑点，根本不足以取信。

其实，和李世民一样，李建成最后决定以武力解决这场争斗也是经过了苦苦挣扎的。从单纯的自卫逐渐发展到对兄弟的图穷匕见，这一过程中，李世民和李建成大概都充满了无奈和不安吧。

兄弟相争，秦王登极

玄武门位于长安太极宫的北部，是皇亲国戚和众臣们进入皇宫的必经之地。关于玄武门在当时的重要地位，陈寅恪先生曾有评论："玄武门在唐代多次政变中均处于关键地位，谁能控制它，就容易在军事上处于优势，取得胜利，因此乃兵家必争之地。"

秦王集团之所以选定在玄武门起事，一是因为这里是进出皇宫的要道，李建成和李元吉听诏入宫一定会从此经过，而且如果在玄武门设伏失败，可以利用地利控制住唐高祖，为自己谋求一条后路。所以在决定发动政变后，李世民首先派人收买了玄武门的守将常何，以此来保证日后在玄武门的设伏不会受到阻碍，加大政变成功的概率。

武德九年（626年）六月四日，唐高祖召太子李建成、齐王李元吉入宫，准备着手调查他二人是否如秦王所说在后宫有淫乱之事。后世有人认为李世民举报太子和齐王淫秽后宫其实是"调虎离山之计"，将二人调离东宫，在玄武门将其射杀。而就在李建成和李元吉准备入宫之前，李世民带领长孙无忌、尉迟敬德、张公谨、公孙武达、刘师立、杜君绰等人早早就埋伏在了玄武门，等待着他二人的到来。

事实上，老天还是给了李建成和李元吉最后一个逃生的机会的，但因为李建成的疏忽大意，最终没能抓住这一线生机。因为就在李世民等人在玄武门积极准备的时候，后宫的张婕妤早就觉察到了异常的状况，并派人告诉了李建成和李元吉，说秦王府有异动，要他们多加防范。对于张婕妤传出的消息，李建成和李元吉的态度是截然不同的。

李元吉对这个消息非常重视，认为应该托病不要入朝，静观其变，并让东宫的军队做好准备，以防不测。但是李建成认为皇宫"兵备已严，当与弟入参，自问消息"。

李建成有这样的想法也是情有可原，京师本来就是他的久居之地。对此，他比李世民要熟悉得多。但他万万没有想到的是，李世民竟敢在皇宫设伏，因此便放松了警惕。李建成未免太过自信，殊不知自己安排在玄武门的人早就已经被秦王集团策反，他和李元吉正在一步步迈向死亡的深渊。

当天，毫无防备的李建成和李元吉像往常一样，骑着马从玄武门入宫。当一行人走到临湖殿的时候，觉得情况有些异常，立刻准备退回东宫，但为时已晚。李世民已经在此等候多时，见状便纵马而出，追了上去。

眼见李世民追了上来，骑着马的李元吉回过头来张弓就射，但此时他内心十分惊慌，根本定不住神，所以几次都没能射中。相比之下，李世民就沉着冷静得多，他先是一箭将李建成射下马来。这时，秦王府的伏兵尽出，李元吉寡不敌众，也在乱箭中摔下马来。

就在这个时候，发生了一个小插曲。李建成当场毙命后，玄武门陷入了一片混乱之中，李世民的坐骑也受了惊吓。可能李世民在一箭射杀了自己的亲兄弟后一时间没有回过神来，以致身经百战、弓马娴熟的他没有控制好胯下的骏马。这匹受惊的马带着李世民跑进了树丛，随后一人一马都被困住不得脱身。李元吉见回转的机会来了，便准备用弓弦勒死李世民。

就在这生死一线的关键时刻，尉迟敬德赶了过来，一箭将李元吉射死，解救了李世民，然后又将李建成和李元吉的头颅砍了下来。这一年，李建成三十八岁，李元吉只有二十四岁。由于在政变中立下大功，在李世民被立为太子之后，尉迟敬德成为受恩赏最多的官员，得到了齐王府的所有珍宝。

闻得太子在玄武门被杀，东宫的两千将士在薛万彻和冯立的率领下,马上拿起武器赶到了玄武门,准备反击。在激战的过程中,敬君弘与吕世衡被气势汹汹的东宫军队杀死。张公瑾见一时抵挡不住,便下令将宫门关闭,以此来抵挡对方的猛烈进攻。薛万彻等人见玄武门难以攻克,还萌生了去攻打秦王府的想法,但当他们看到提着李建成和李元吉首级的尉迟敬德后,便知大势已去,随后便纷纷散去了。

就在玄武门发生惨案之时,完全不知情的唐高祖还在宫中和宰相们泛舟,准备稍后审理太子等人后宫淫乱之事。但当他看见身穿铠甲、手持长矛前来的尉迟敬德时大吃一惊,知道出了大事。唐高祖问发生了什么事,尉迟敬德禀报道:"太子和齐王作乱犯上,秦王已经举兵诛之,现在特地派臣前来保护陛下的安全。"杀了李建成和李元吉之后,唐高祖是李世民最顾忌的人,他派尉迟敬德这样的武将前来,表面上说是为了保护唐高祖的安全,其实是一不做二不休,索性逼宫篡位。

高祖听了尉迟敬德的禀报,便问此时在旁的裴寂和陈叔达等人:"朕不曾想会发生今天这样的事,现在该如何是好?"陈叔达和萧瑀都说:"建成和元吉二人本是无义之人,又无功于天下。他们忌妒秦王的功德,共为奸谋。如今秦王已经将他们除去,更是天下归心。陛下如果立他为太子,将国事交与他就无事了。"见朝中重臣都已倒向李世民,唐高祖终于明白局面已经不是自己能够控制的了,为了给自己留些颜面,他只得找个台阶,言不由衷地表示同意:"善,此吾之夙心也。"

随后尉迟敬德又以长安城中现在还未恢复正常为由,请高祖将长安城的兵马都交由李世民指挥。高祖此时已经是龙游浅底、虎落平阳,无奈只得答应了尉迟敬德的要求,将兵权交了出去,并命天策府司马宇文士及当众宣读这一旨意,遣散了东宫的将士。

这场惊心动魄的政变以李世民的完胜而告终。一切都已经妥当之后,李世民来到了高祖面前,痛哭流涕,希望高祖能够体谅他处于危难之中不得不这么做的一片苦心。不论李世民这么做是否是发自内心,但确实是给自己的忠孝仁义做足了面子,也使后世对他在玄武门之变的表现多了不少正面评价。

三天之后，李世民因"救社稷有功"被立为皇太子，而秦王府的官员们也是一人得道鸡犬升天，封官赏赐自是不在话下。除了立李世民为太子的诏书之外，唐高祖还颁布了一道诏令，内容是："自今后，军机、兵仗，凡厥庶政，事无大小，悉委太子断决，然后闻奏。"主动将所有国家大事的处理权都交给了李世民。

十六日，几乎失去所有权力的唐高祖准备退位，或许他心里也知道他和李世民关系不佳，并且多次打压他，所以借此给自己留个面子也留条后路。但李世民拒绝了高祖的这一请求，因为他自己也不想造成逼父让位的印象。但事已至此，贪恋皇位也是徒劳无功。两个月之后，唐高祖主动下诏将帝位让给李世民，自己退居二线，当起了太上皇。八月初八，李世民在东宫显德殿即皇帝位，成为大唐王朝的第二位君主，是为唐太宗。

第五章

贞观之治，光照百代的盛世牡丹

蛋糕的切法

自武德九年（626年）六月，李世民被立为皇太子开始，他就着手为自己的领导班子进行"换血"，将原来秦王府的官员慢慢转移到国家的最高权力机关中，用他们来代替高祖时期的旧臣。所以秦王府的众多谋臣在这段时间内都得到了迅速的升迁，例如长孙无忌和杜如晦被擢升为左庶子，房玄龄和高士廉则被封为右庶子。再加上太子詹事宇文士及，新的领导集团已经初具规模。

一个月之后，李世民又有了进一步的举动，他任命房玄龄和高士廉为宰相，并将兵部和吏部的大权交由杜如晦和长孙无忌掌管。这一次是李世民掌权时期最高领导阶层的第一次较大的调整。通过这次调整，宰相集团一改以往全部是高祖旧臣的局面，焕发出了新的生机。但随着时间的发展，新旧宰相之间逐渐出现了不小的隔阂，有鉴于此，唐太宗又逐步用调职或罢黜等方法将这些旧官员排挤出最高权力机构。

在这些被罢黜的高祖旧臣中，萧瑀、陈叔达和宇文士及因在武德年间就归属唐太宗，且对他获得帝位有一定帮助，所以在离开之后得到了较好的待遇。而封德彝因为生前在李世民和李建成中间首鼠两端，犹豫不决，贞观十七年（643年），唐太宗下令收回他死后的赠官和食封，就连他的谥号也被更改。从唐太宗做这些高祖旧臣的处理态度来看，可以清楚地看到，太宗是个既念旧情又不能忘怀旧怨的人，他对宰相裴寂的处理就是最好不过的例子。

裴寂早在晋阳起兵的时候就跟随在唐高祖李渊的身边，可以说是李唐王朝不折不扣的开国功臣。他虽然在才能各个方面都不如同一时期的刘文静，但因为和高祖是多年至交，所以仕途一路畅达。武德二年，朝廷发生了著名的"刘文静事件"，这场表面上是裴寂和刘文静的意气之争的案件，最后以刘文静的被冤杀而告终，而裴寂基本上没有受到任何惩罚。或许就是在这个时候，唐太宗就开始对裴寂怀恨在心，所以多年后，裴寂也迎来了他命运的低谷。

其实在武德九年之时，裴寂受到的待遇还是不错的。此时的他虽然只有司空的虚职，但还是朝廷的一等公，并拥有着朝廷赏赐的一千五百户封邑。如果情况不发生太大的变化，纵然手中没有实权，但这些爵位和封邑也足够裴寂安享晚年了。但到了贞观三年（629年），局势还是发生了巨大的变化。唐太宗下令免除了裴寂的一切官职，并将他的封食邑削减了一半，将其"放归本邑"，原因就是当时的"法雅"一案。

遭到罢职的裴寂本想留在京师，但唐太宗将武德年间的旧事重提，认为遣他回乡已经是念及旧情，法外开恩，不容商议。无奈之下，裴寂只好回到了家乡蒲州。但事情到这里还没有结束，不久之后，汾阳就传来了"裴公有天分"的谣言。

唐太宗听闻这件事后大怒，他当着众臣的面历数裴寂的四大罪过，其中包括"位为三公而与妖人法雅亲密"，其后"负气愤怒，称国家有天下，是我所谋"，回到蒲州后有"妖人言其有天分，匿而不报"，最后"阴行杀戮以灭口"，条条都是死罪。念及他是开国重臣，唐太宗决定免除他的死罪，但"活罪难逃"，遂下令将他流放到偏远的静州，后死在回京途中。

处理完这些武德旧臣后，唐太宗还下令启用了魏徵、王珪和温彦博等人。唐太宗这么做的目的有两个，其一是他的确看重这几个人的才华，希望能够收归己用，帮助自己处理朝政。其二是这种不计前嫌的做法能够体现出他作为一个君主的宽容和大气，对此时经历乱局、急需安抚的人心很有帮助。

到了贞观三年（629年），房玄龄、杜如晦、温彦博、魏徵等人都先后进入了国家的最高决策层。这样一来，最终的领导集团的主要成员都是由唐太宗亲自选拔的官员而组成，这对他日后施行自己的政治方案和巩固自己的统治起到了极其关键的作用。

完成权力重组之后，唐太宗将迎来一项更为重大的挑战，那就是治理这个庞大的帝国。古往今来，多少帝王败在"能得天下不能治天下"的怪圈之下。唐太宗之所以能为世人所称道，就是他做到了一般的君主难以做到的事，既以武功得了天下，又凭文才治理了天下。言易行难，要打造这让后世无限神往的大唐盛世，唐太宗付出的努力和辛酸也是任何人都无法切身体会的。

"大乱之后，其难治乎"，如何在这纷纭的国事中理出头绪，确立自己的治国方向，关于这个问题，唐太宗在登基之初就和群臣讨论过。这场治世之论异常激烈，在唐太宗的鼓励下，大臣们各抒己见。

每个人的想法都不同，看法和意见数不胜数，难以统一，但其中较为有代表性的是名臣魏徵和封德彝的辩论。

在魏徵看来，如果天下长久安定，民众则骄逸，不容易教化，但战乱之后，百姓经历了愁苦，则比较温驯听话。这就如同饥者思食物，渴者思饮水，道理是一样的。所以说，唐太宗所说的"大乱之后"，不是难治，而是易治。

听了魏徵的话，唐太宗也提出了自己的疑惑，他询问魏徵："一个善于治理国家的君主，要使得天下大治恐怕也要百年的时间。如今天下已是大乱之后，能很快达到天下大治吗？"魏徵回答道："话虽如此，但圣人说过治天下，只要上下齐心，三年之内必定可以将天下治理得井然有序。"唐太宗心下暗许。

但封德彝对魏徵的看法并不十分认同，他反驳道："自夏商周三代以来，人心越来越向奸佞讹诈发展。因此，秦朝用严酷的律令，汉朝则是王霸道相杂用，这些都是人心不稳造成的结果，不是不想将天下治理好。魏徵是个书生，不识时务，只懂纸上谈兵。倘若听信他的言论，国家的灭亡指日可待。"因此，他主张施行严刑峻法，加强统治的力度，这一看法也得到许多人的认同。

魏徵不甘示弱，反唇相讥，说道："古往今来大乱之后大治的例子比比皆是，黄帝、颛顼、商汤、周成王都是如此。如果按你所说，古人都人心纯朴，今人都渐渐奸恶，岂不是今天的人都变成鬼了吗？那样的话，人主还怎样治理天下？"

魏徵和封德彝二人各执己见，你来我往，争得不可开交。但最后，英明的唐太宗还是采纳了魏徵的意见，并据此制定自己的治国方略。

孟宪实先生说："这是贞观之治历史上最重要的一次辩论，是事关国家基本政策的思想交锋，也可以说是一次思想解放运动。这个争论代表了唐初的两种统治路线。两种路线，一是王道，一是霸道。"二者都有一定的合理性，但要看世事的具体时间和状况，而此时的唐朝正是需要用"王道"来安抚天下臣民，而不是用"霸道"来武力镇压。

亲身经历隋末大乱的唐太宗更清楚地知道，百姓之所以作乱都是为时势所逼，如果不是没有生存的机会，是不会放着好好的日子不过去当盗贼的。所以，李唐王朝虽然是靠武功夺得了天下大权，但唐太宗认为此时应该采取魏徵所提倡的"王道"，与民休息，制定合理的政策让百姓安居乐业，如果一味地用重刑重律，不仅不能"止盗"，反而会使人心不稳、社会动乱。

一头是吏治，一头是军制

为了国事能够更好地运转，唐太宗还下令在唐初的各项政治制度的基础上进行改革，建立起新的政治制度，其中对吏治的改革就是重中之重。官员是皇帝的左膀右臂，治国方略的提出需要他们来出谋划策，既定国策的实施也需要他们去具体执行。可以说，官员们的好坏优劣直接关系到国家的稳固和发展。如果没有一批高素质的官员，那么无论君主多么励精图治，也都是徒劳无功的。

如《新唐书·百官志》所记载："唐之官制，其名号禄秩虽因时增损，而大抵皆沿隋故。"唐因隋旧，中央实行三省六部制。唐朝的三省为中书省、门下省和尚书省，是国家最高的政务机构。三省中，关系最为密切的是中书省与门下省，合称"两省"或"北省"（尚书省称为南省）。中书省与门下省同秉军国政要，中书省掌制令决策，门下省掌封驳审议。

首先，政府的一切最高命令，皆由中书省发出。此种名义上为皇帝诏书的"敕"，乃是由中书省所拟定，即所谓"定旨出命"。中书省中，正长官中书令外，设有副长官中书侍郎，之下又有中书舍人。中书舍人官位虽不高，却有拟撰诏敕之权。遇事，则中书舍人各自拟撰，是谓"五花判事"；然后再由中书令或中书侍郎于初稿中选定一稿，或加补充修润，成为正式诏书，再呈送皇帝画一敕字，即为皇帝的命令。

其次，门下省掌审议副署权，每一命令，必须门下省副署，始得发生正式效能。门下省主管长官侍中及副长官侍郎，接获来自中书省的诏书后,即加以复核。在门下省侍中侍郎之下,设有若干第三级官,谓之给事中。给事中之地位与中书舍人相类,官位不高,却须对敕发表意见。门下省若反对此敕,需将原敕批注送还中书省重拟,称为"涂归",亦称"封驳""封还""驳还"等。

唐太宗非常重视中书、门下两省在中枢政务机构中所发挥的作用,《资治通鉴》载:他于贞观元年十二月对群臣说:"中书诏敕或有差失,则门下当然驳正。人心所见,至有不同,苟论难往来,务求至当,舍己从人,亦复何伤!比来或护己之短,遂成怨隙,或苟避私怨,知非不正,顺一人之颜情,为兆民之深患,此乃亡国之政也。"在他的眼中,中书、门下协助皇帝决定大计方针,既为"机要之司",也是防止个人专断的有效措施。

之后,国家一切最高政令,经中书定旨、门下复审,即送尚书省执行。尚书省是政府结构里职位最高、权力最大的行政机构。尚书省长官尚书令,下设左、右仆射,其下各设左、右丞。"尚书省,天下纲维,百司所禀,若一事有失,天下必受其弊者。"《旧唐书·戴胄传》中所载的唐太宗的这几句话,便足以说明尚书省在中枢行政机构中的重要地位了。

尚书省共分六部,即吏部、户部、礼部、兵部、刑部、工部,下设二十四司,分工明确,各司其职。此六部制度,一直延续到清代末年,生命力延续长达一千多年。

吏部掌文选、勋封、考课之政,下统吏部、司封、司勋、考功四司;

户部掌天下财政、民政,包括土地、人民、婚姻、钱谷、贡赋等,所属有户部、度支、金部、仓部四司;

礼部掌礼仪、祭享、贡举之政,下统礼部、祠部、膳部、主客四司;

兵部掌六品以下武官选授、考课、主持武举,以及军令、军籍和中央一级的军训,所属有兵部、职方、驾部、库部四司;

刑部掌律令、刑法、徒隶并平议国家之禁令,其属有刑部、都官、比部、司门四司;

工部掌土木水利工程和国家农、林、牧（军马除外）、渔业之政，以及诸司官署办公所需纸笔墨之事，所属有工部、屯田、虞部、水部四司。

唐太宗还十分重视中央各个机构的办事效率，因此在中书省还特别设立了一种制度——"五花判事"。这本来是一种旧的制度，在唐朝之前很多君王都使用过，而并非唐太宗独创。但这项制度确实是到了贞观年间才得以彻底实施的，目的就是为了提高中书省的办事效率和加强官员之间的相互监督。

中书省的诏书起草主要是由中书舍人负责，而中书省按照尚书省的六部设置了六位中书舍人。所谓的"五花判事"，就是指所有由中书省起草的诏书和政令，除了执笔的那位中书舍人外，还需由其他五位中书舍人加入自己的意见并签署自己的名字。并且在这之后，还需由中书舍人之上的中书侍郎和中书令审核之后才交由门下省勘察。这样的规定督促了两省的官员对待所拟诏令更加认真仔细，不容一丝马虎，在提高效率的同时也保证了工作的质量。据《资治通鉴》记载，"五花判事"推行之后"鲜有败事"，收到了很好的成效。

唐太宗是个十分开明的皇帝，他认为"以天下之广，四海之众，千端万绪，须合变通，皆委百司商量，宰相筹画，于事稳便，方可奏行。岂得一日万机，独断一人之虑也。且日断十事，五条不中，中者信善，其如不中者何？以日继月，乃至累年，乖谬既多，不亡何待？"

所以，只要是对政事有利的事，他基本上能够接受并给予鼓励。例如，他就常常鼓励中书和门下省的官员集思广益，不要墨守成规，认为不合理的事件要敢于提出自己的看法，不能因为惧怕上级和权贵就是非不分。

要提高政府的办事效率仅仅靠改组国家最高领导层是不够的，接下来，唐太宗便命房玄龄根据"量才授职，务省官员"的原则，制定出朝廷官员的具体限额，以此来裁减官员，解决隋朝遗留下的冗官冗费现象。隋朝官员队伍庞杂，政府开支十分巨大，而这些负担就自然而然地加到了百姓身上。

到了唐朝，官员队伍更加壮大，贞观元年（627年），礼部侍郎刘林甫主持官员的选拔时，仅六、七品的官员就"将万余人"，可见当时的官员人数何其壮观。为了精简官员队伍，房玄龄等人经过多方面的查实，确定了中央机构的官员为六百四十人比较合理，而地方官员的数量也应酌情递减。

此外，为了加强对地方官吏的监督，唐太宗在贞观元年下令将全国分为关内道、河南道、河东道、河北道、剑南道、岭南道、陇右道、淮南道、山南道和江南道等十道，以此来作为州县行政区域之外的监察区域。朝廷按时派出官员到各地巡查，但这些官员到了地方之后只负责"观风俗之得失，察政刑之苛弊"而不得干预地方官员的正常公务。

改革吏治的同时，唐太宗还下令完善了兵制。在初唐时期，"举天下不敌关中，居重驭轻之意明矣"。府兵制在贞观年间所发挥的积极影响是不可替代的。形势变化，其作用也不可同日而语。唐朝军队能够横扫西域，击败突厥，以及在后来的多次战争中取得胜利，府兵制有不小的功劳。

唐代的府兵是世兵，职业军人，和汉朝缺乏训练的农民军不同。众所周知，全民皆兵，生产工具就是战斗工具，生活就是战斗，这是游牧民族战斗力强的重要因素。唐代利用世袭职业军人的大量训练，造就出战力更强的农民兵，在相当程度上抵消了游牧民族的优势。范文澜评价过府兵制："府兵制的抽兵法，对生产的影响不大，又有全国保卫朝廷和防守边镇的意义，民众服兵役的劳苦也比较均平，在贞观时期，府兵制是一种好的兵制。"

唐太宗时的府兵制以均田制为基础，达到了比较完善的地步。政府将农民按贫富分为九等，六等以上的农民，每三丁选一丁为府兵。二十岁开始服役，到六十岁才免役。唐太宗时，全国分置634个折冲府，均由十二卫和东宫六率分领。

府分三等：上府兵1200；中府兵1000；下府兵800。每府最高长官为折冲都尉。府兵除出征与轮流卫戍外,其余时间均居家种田;农闲时接受军事训练,由折冲都尉统率教习攻战之术。遇到有战事发生,府兵由中央临时任命将领统兵出征,战事结束,兵士散于府,将领归于朝,平时每年须轮流宿卫京师,还需定期镇戍边疆。

府兵的任务,最主要的一项是到京城宿卫,多由距京城较近的关内、河南、河东诸道府兵担任,这几道府兵兵额也占全国府兵总数的三分之二以上。其职责除宿卫宫禁外,还充当诸王府、各官府及京城警卫巡察等治安之责。

因此,在府兵制下,军民是一家,一个男子既是军人也是农民。但是国家出于省钱的考虑,不给出钱买兵器,连粮食、日常用品都要自备。由于府兵平时务农,生活无异于农民,自给自足,国家又省了一笔军费开销。战争时期,由中央临时配备将领,战争结束后,将帅则解除兵权。这种措施使军队不至于成为将帅私有,减少了军人拥兵专擅或割据的可能性。

府兵制的出台是唐朝初期国家形势的需要。贞观年间,国家刚刚从硝烟里走出来,土地荒芜,人口锐减,百姓朝不保夕,国库也十分空虚。这时候如果把青壮男丁都抽调出来,不仅国家要养着他们,每个家庭也少了一个干农活的主力。这样,家庭和国家的负担都重了。还没来得及喘息,大唐又要背着沉重的负担行进,显然不现实。

鉴于隋文帝统治时期改革府兵制的成效,唐太宗决心加以继承发扬。经过一番精心筹划,制定出进一步发展府兵制的方针政策,形成了一套完备的府兵制度。贞观元年,唐太宗刚即位不久,立即着手改革兵制,到贞观十年(636年),下令仿照隋朝鹰扬府和唐初十二道府兵建制,于全国各地设置折冲府,"更号统军为折冲都尉,别将为果毅都尉,诸府总曰折冲府。凡天下十道,置府六百三十四,皆有名号,而关内二百六十一,皆隶诸卫"。

可是府兵制有很大的弱点,那就是它极其倚赖田地,发生重大战事的时候聚集慢。为了克服府兵制的弱点,唐朝后来设立了临时征兵办法，这在唐中后期成为主要的兵役制度。自唐五代以后，募兵制取代征兵制，为封建时代兵制的一大变革。宋朝不论禁兵、厢兵，还是南宋的屯驻大军等，一般都采用招募的办法。灾年招募流民和饥民当兵是宋朝一项传统国策。统治者认为，将壮健者招募当兵后，老弱者就不可能揭竿反抗，这是防止灾年爆发农民起义的对策。

总之，唐太宗在贞观年间进行的政治改革可以说是"革故鼎新"，针对唐朝当时的国情构建了适合的政治制度。这些改革都完成了之后，唐代的国家机构得到了很大程度上的完善，变得更加简洁明了，效率也得到了很大的提高。

治世，以人为本

柏杨先生曾经对唐太宗李世民有这样一番评价，说："自从盘古开天辟地，李世民大帝是中国帝王中最初一个被中国人真心称颂崇拜的人物，固由于他的勋业，也由于他本身的美德。他治理国家的一言一行，也成为以后所有帝王的规范。"此言着实不假。

唐太宗固然让世人景仰，但他之所以能够开创唐朝盛世，在于他一开始就充分意识到治理天下要以民为本。从贞观初年，他力排众议，采纳了魏徵以"王道"治国的建议，就可以清楚地看到这一点。孟子有云："民为贵，社稷次之，君为轻。"唐太宗也曾说过："凡事皆须务本。国以人为本，人以衣食为本，凡营衣食，以不失时为本。"所以，施行新的政策来满足百姓的衣食住行，使他们能过上衣食无忧的富足生活，是贞观年间唐太宗首要考虑的问题。

经过了隋朝末年的混战，唐朝初期，社会经济各个方面都受到了严重的破坏，可谓人口凋敝、百废待兴。武德年间，唐高祖虽然针对这些情况做出很大的努力，但由于他在位时间较短，再加上前几年全国各地还不稳定，随时都有战乱爆发，所以，取得的效果并不十分明显。

贞观初年，唐朝的经济还未充分恢复，社会经济也比较萧条，而唐太宗要做的就是与民休息，恢复生产。百姓是天下之本，而对于百姓来说，最重要的就是农业和土地。为此，太宗下令继续推行高祖时期颁行的"均田令"。

"均田令"虽然诞生于高祖时期，但直到贞观年间才逐渐成熟并彻底推行到全国各地。在武德年间，根据"均田令"，地主豪强可以合法拥有大批土地。但一些贵族官僚并不满足律令所规定给他们的田产，于是便利用职权侵占了很多百姓的土地。这样一来，百姓的授田数量就普遍不足了。

为了解决这一问题，唐太宗希望将这些被贵族多占的土地都重新分给当地农民。因为土地仍然不足，他还下令将本来要分给官员们的土地分给百姓，而对于官员们欠缺的粮食则由朝廷从官仓中拨出。不仅如此，他还以身作则，将皇家园林的面积减少，而将这些裁减出来的土地分配给百姓，并鼓励百姓开荒种粮。

为了保证生产，唐太宗还下令各地官员在所在地劝课农桑。他还定期派遣官员到各地视察，一是为了监督地方官对朝廷政策的实施力度，二是让自己能够随时了解各地的民生状况，为日后制定和调整政策提供依据。

土地是百姓生活的承载，但生产的主体还是人口。在以农耕制为主体的封建社会，充足的劳动力就象征着强大的社会生产力，但唐代初期的人口状况不容乐观。唐初人口的锐减要归咎于隋末的乱战，武德年间，全国的人口不足隋朝的四分之一，只有二百余万户，根本满足不了生产。

面对这样的状况，唐太宗采取了许多措施。贞观初年他就下令将宫内多余的三千宫人悉数放归民间，他下诏说："妇人幽闭深宫，情实可愍。隋氏末年，求采无已，至于离宫别馆，非幸御之所，多聚宫人，皆竭人财力，朕所不取。且洒扫之余，更何所用？今将出之，任求伉俪，非独以惜费，兼以息人，亦人得各遂其性。"

唐太宗放归宫女的做法在当时取得了很大的影响，首先这些宫女不必再因得不到君王的垂怜而在深宫寂寞之中了此残生，这也充分表现了皇帝的仁慈和宽大；其次，也体现了皇帝的节俭，不仅给万民做出了表率，也给天下百姓减轻了负担；最后，这些放归的宫女虽然人数不多，但也能投入日常生产中去，更重要的是，她们的自由给予天下百姓对这个君王强大的信心，使他们能够安心地在他的统治之下生活。

除此之外，鼓励百姓生育、奖励婚嫁等政策都在贞观年间得以实施。根据朝廷的规定，唐朝的男子二十岁，女子十五岁就可以成婚。不仅如此，为了鼓励生育，唐太宗还将一个地方人口是否增长作为考核当地官员政绩的一项重要指标。经过全国上下多年的努力，到了贞观二十三年（649年），全国的人口数比高祖时期增加了一百八十万户。

除此之外，为帮助百姓进行生产，朝廷还做出了许多重要的利民举措，兴修水利和设立义仓就是较为重要的两项。水利是农业不可或缺的因素，对于各地的水利建设，唐太宗是十分重视的，他还曾多次亲自视察黄河的治理状况。由于朝廷的重视，在贞观年间，全国各地都积极兴修水利工程，并取得了很大的成效。这些或新建或在前代基础上进行修复的水利设施给百姓的生产带来了便利。

设置义仓是历朝历代都会施行的一项利民政策，目的是为了储备粮食来防止灾年的饥荒。事实上，隋文帝在开皇年间也在各地设置了义仓。但他的儿子隋炀帝不像他的父亲那样节俭，在位期间不顾民生，大肆挥霍，致使义仓内的粮食储备消耗殆尽。

贞观二年（628年），唐太宗下令在各地重设义仓，重新恢复它储备灾粮的作用。为了给义仓储粮，朝廷颁布具体的施行措施，规定每亩良田征收粮食两升，商人按照其资产来缴纳粮食，特殊的民户可以不交。

为了稳定市场，平抑物价，朝廷还特设了常平监官，以官府的名义对市场进行调控。常平监官在物价下降的时候收购商品（主要是粮食），上涨时则将这些商品抛售出去，保护百姓们的利益。政府的这些努力收到了很好的效果。贞观四年（630年），天下富足，米粮不过三四钱一斗,到了贞观八年(634年),也不过四五钱,到了贞观十五年(641年),更是下降到了二钱,百姓根本无须为粮食担忧。

与此同时,唐太宗下令推行"轻徭薄赋"的政策,目的是减轻百姓的负担,让他们安心生产。该政策一经推行,百姓的生产积极性得到了很大提升,生产也得以恢复。贞观时期"天下大稔,流散者咸归乡里,米斗不过三四钱……东至于海,南极五岭,皆外户不闭,行旅不赍粮,取给于道路焉",大治的情况已经初步出现。

唐太宗深知战争是最消耗民力的事情,隋朝的灭亡很大程度上就是因为隋炀帝好大喜功,发动了太多的战争,才导致国库入不敷出,民生凋敝。所以唐太宗即位之后就尽量避免战争,因为战争不仅要消耗人力物力,还会损害刚刚稳定不久的民心。

例如当时益州大都督窦轨给太宗皇帝上书,称益州当地的"獠民"叛乱,希望朝廷能够发兵前去讨伐。但唐太宗不同意窦轨的看法,他认为"獠民"依山而居,自然有自己的风俗习惯。地方官员如果可以用恩德来使他们内心感激,自然就会臣服于朝廷,不能动不动就对百姓大动干戈。

"贞观之治"的诞生可谓占尽了天时地利人和,"大乱后大治"是魏徵给太宗提出的治国思想,吕思勉先生在他的《史学论著》中说:"其能致三十余年之治平强盛,承继汉、魏、晋、南北朝久乱之后,宇内乍归统一,生民幸获休息;塞外亦无强部。皆时会为之,非尽由人力也。"也是这个意思。虽非"尽由人力",但也不能抹杀贞观年间唐太宗的励精图治和群臣的鼎力辅佐。

在唐高祖打下的基础上,雄才大略的唐太宗凭借傲人的智慧、虚心的态度、宽广的胸襟、踏实的实干精神,再加上一批德才兼备的臣子的从旁协作,终于完成了心中梦寐以求的治世理想,创造了唐朝两大治之一的"贞观之治"。

第二卷

女主临朝，波澜起伏中成长

第一章

二圣争锋，从尼姑到皇后的心路历程

一个乳名引发的血案

武则天，自名曌，取其日月当空普照天下之意，原籍并州文水（今山西省文水县），"则天"二字并不是她的名字，而是她死后的尊号："则天大圣皇帝"和"则天大圣皇后"，玄宗时又被改为"则天顺圣皇后"，而在古代史籍中，她大多被称呼为"武后"。

武则天进宫后，太宗见她长得确实水灵，很是招人喜欢，就赐号"武媚"，封为五品才人，但毕竟年龄太小了，此后太宗也就没怎么注意她。究竟才人处于哪个级别呢？当时皇帝有一后、四妃、九嫔、九婕妤、四美人、五才人、八十一御女。

在这等级森严的后宫金字塔中，才人处于中下层，而且才人并不是养尊处优、无所事事的贵妇，而是"掌叙宴寝，理丝枲，以献岁功"的后宫女官，要负责祭礼、宴饮和引导命妇朝觐。所以入宫后要学的东西很多，官方就规定必须在进行了严格的教育和长时间宫中生活的熏陶后才能管事。于是，武则天也随着新进的宫女学习经书，书写文章辞赋，还学了书法、音乐、作画等艺术知识，其实就相当于现在的基础知识教育。

礼仪以及侍奉皇上和后妃的知识，是一门非常重要的实践课程，由一些有经验的女官教授，这些武则天都努力地学了，更重要的是，她在这十一年里，耳闻目睹，积累了大量政治经验，特别是唐太宗把她调到自己身边做贴身侍女后，她学习了很多做帝王的道理，为她后来做女皇积累了丰富的经验。

但是,她的理想是那么遥远,她没有得到太宗的恩宠,如此消磨岁月,只能让年华老去,可是,在古代对于女人最重要的就是芳华,在宫里,一个女人等到芳华逝去就很难再有天日。武则天一出场就注定不是一个安分的女人,平淡熬日子不是她的风格,她总要给自己找机会吸引太宗的眼球。于是就有了后来武则天亲口讲述的狮子骢事件。

狮子骢是一匹烈马的名字,长得高大凶猛,没人能驯服得了。唐太宗十分喜欢驯马,但也拿狮子骢无可奈何。有一天,他带着妃嫔观马,武则天也在其中,所有的人看到狮子骢都发出唏嘘之声,没谁敢上前驯马。这时,武才人毛遂自荐说自己能驯服这匹马。不过,需要皇上赐她铁鞭、铁锤、匕首这三样东西。

唐太宗疑惑地问,这三样东西都不是驯马用具,你要它们做什么?武才人回答说,先用铁鞭抽打马,如果它不温顺下来,那就用铁锤敲它的脑袋,再不行的话,就用匕首杀了它。太宗看着这个美貌如花的小姑娘,却从她口中说出如此之凶狠之策,不禁毛骨悚然,半天没反应过来,只是木讷地夸了她一句好胆量。

虽然机会抓住了,但效果并不好,武则天在这件事中暴露了自己的性情刚烈、胆大果断而又不允许别人忤逆自己的个性,这和唐太宗太像了,这样让他感到害怕。在那时,女子都是以娇弱为美的,而武才人句句惊人,这是有惊无喜,让太宗重新认识了她。但是,他这样的男人一般喜欢和他互补的柔弱女子,不难想象,狮子骢事件没有给武则天带来得宠的机会。

后来,有一件更严重的事情差点要了武才人的命,当时,民间流传的"女主武王"的传言传到了宫里,太宗知道后召见太史令李淳风。这个李淳风"博涉群书,尤明天文、历算、阴阳之学",相传著名的预言书《推背图》就是他的著作。在反隋立唐的战争中和李世民与李建成的争夺中,李淳风作为参谋也起了很大的作用,因此唐太宗十分相信他的话。

李淳风进宫以后，唐太宗便直截了当地问他是否知道"女主武王"的事。李淳风说，他观天象看到了太白星，预示着女主天下，并且，李淳风还说自己已经推算出这个武氏女子已经在宫里了。唐太宗听了以后非常紧张，想在后宫大开杀戒，避免江山被夺的厄运，但是，李淳风以天命难违劝说，唐太宗才打消了这个念头。但是，机缘巧合，老天自有安排，让武则天免于丧命，李君羡成了替死鬼。

事情是这样的，一天唐太宗举办宴会，兴致所及，太宗让大家说自己的乳名来行酒令，看到皇帝如此高兴，在场的众臣也纷纷兴高采烈地说出自己奇怪的乳名并且互相嘲笑。正当气氛热烈之际，左武卫将军李君羡上前说："臣乳名五娘子！"一个五大三粗的将军乳名竟然叫五娘子，这分明是个女人的名字嘛，于是引起了全场哄笑，唐太宗也笑呵呵地说了一句："何来女子，如此勇健！"

然而话音未落，唐太宗就被自己说出的"女子"二字惊呆了，是啊，如果是后宫女眷又怎么可能有野心有能力推翻李家宗室，成为天下之主呢？相比之下，这个掌控着玄武门的将军才更加可能吧，何况李君羡虽然不姓武，却是武安人，任职左武卫将军，守卫着玄武门，封爵武连郡公，这一连串的武字和女孩的乳名让唐太宗认定李君羡正是那"女主武王"所指的对象。于是没过多久就找个借口除掉了李君羡，从此唐太宗放下了一桩心事，而武则天也得以幸免于难，但是她仍然没有得到太宗的宠爱。

当时和武才人一起选秀进宫的一个女子，名叫徐惠，貌美而多才，又温柔似水，比之武才人少了很多霸气，很快就步步高升，武才人眼看着别人都立住脚了，自己并不比别人差，怎么会甘心居于人下呢？但是，她知道太宗这条路是行不通了，于是，她寻找到另一种路径。

一次太宗得了"风疾"，也就是中风，据说这是李唐家族的遗传病。太宗突然病重，太子李治是个孝顺的皇子，天天去照看父皇，由于不忍心让李治来回跑，太宗就让他在身边住下了，武才人终于找到了新的通天梯。《资治通鉴》非常隐晦地记载："上之为太子也，入侍太宗，见才人武氏而悦之。"这一个"悦"字有很丰富的内容,可以理解成"喜欢"或"一见倾心",但到底是谁主动谁被动,却很难说清,至于这段感情那时发展到何种程度就更不得而知了。贞观二十三年,太宗由于"风疾"去世,太子李治即皇帝位,为高宗皇帝。

唐太宗死后,按照宫中的规矩,未生子女的嫔妃都要发配到皇家寺院为尼,26岁的武媚娘也就和其他未生育的妃嫔一起到感业寺出家。当时,很多被迫出家的妃嫔从此就青灯古佛,了此残生。据说,当时一大群女子形同囚犯,被拉到西郊外,个个低声抽泣。更有甚者,那个和武则天一起选进宫里的徐惠在太宗去世后竟自缢身亡了。

只有武则天与众不同,她高昂着头,款款而行,面色镇定,好像不是去艰苦度日,而是在筹备着一个弥天的计划。也许,她知道命运在不由自己选择的时候只有接受,但接受不代表认命,这才是真正的武则天。

有人根据唐高宗李治立武则天为皇后所下诏书的内容,有这样一句进行推测,即"遂以武氏赐朕",大意是说太宗在病重的时候,李治日夜去守护,和武才人产生了恋情,被太宗发觉了,便故意让武才人侍候李治,并私下允诺了他们的关系,但是,碍于父子之间的关系就一直没有公开。临行前,李治答应到合适的时候就接她回宫,并给了她玉佩作为信物。所以,武则天在去往感业寺的路上,才如此放心,一副天不怕地不怕的神态。

武才人随一批人被拉到了感业寺,感业寺在长安的西郊,依山傍水,古朴秀丽,是修身养性的好去处。但是对于有着雄心壮志的武则天来说,无疑是人间地狱。她刚进寺院的时候,对那些形容槁枯絮絮叨叨的女人特别厌恶,她们目光呆滞,充满了死气,她们盯着她的行踪,她就得小心翼翼。但是这些是关不住武则天的理想的,她逐渐沉静了下来,开始读经书,然后感业寺的主持就对她另眼相看了。

有一天,住持问武则天:你对佛经很熟悉啊,以前读过吗?武则天看着这位沧桑的老人说:"弟子年幼时受家母的影响,略略读了一些。""原来是这样，看来你和我佛真的有缘，然而佛经不过是些文字，佛法才是大道理。希望你以后更加努力，好好参禅，以期修得正果。"

至于李治怎样跑到感业寺与武则天见面的，《资治通鉴》有这样的记载："上之为太子也，入侍太宗，见才人武氏而悦之。太宗崩，武氏随从感业寺为尼。忌日，上诣寺行香，见之，武氏泣，上亦泣。"大意是说，李治做太子的时候，去服侍太宗，对武才人一见生情，后来，武才人去了感业寺，李治在父亲的忌日去感业寺上香，见到了武则天，两人见面后李治对武则天甚是怜惜，但在寺院里，二人并不能多说什么，只能"相顾无言，惟有泪千行"。也许正是这次见面使李治突然觉得自己对不住武则天，于是下了接她回宫的决心。

明明是父亲的女人，李治怎么会有这种想法呢？这和李氏王朝夺得天下的哲学有关，只要足够强大，就可以拿取自己想要的东西，这一哲学在玄武门政变中也得到证明，再说当时太宗已经过世，所以，李治是不难突破那些限制的。但是高宗回去后还没有向皇后开口，事情就有了转机。这一切都得力于后宫的争斗，武则天的命运又有了转折，很顺利地就回到了宫里。

从尼姑到皇后

高宗的皇后王氏是关陇大族的后人，出身高贵，且贤良淑德。李治还在当晋王时，在高祖的妹妹的牵线下，王氏就成了晋王妃。后来李治做了太子、皇帝，王氏的身份也就跟着升为太子妃和皇后。皇后貌美，是个好媳妇，传说太宗去世前对褚遂良说："朕佳儿佳媳，今以付卿。"

但是，史载王皇后"性简重，不曲事上下"，是一个极无趣的人，一天到晚总是低垂着眼睑，毫无表情，也不会讨好皇帝，笼络身边的宫女、宦官，这也是她有着如此显贵的出身和出众的美貌却自始至终都没有得唐高宗宠爱的原因。试想，在朝堂上，高宗听老臣们无休止的劝谏已经是心力交瘁了，回到后宫，还得面对一个僵硬着面孔、没有任何温存之感的皇后。所以，皇上更喜欢萧淑妃，为了躲避王皇后，他宁愿躲在萧淑妃的住处。

话说这个萧淑妃，出身也非常显贵，是梁昭明太子的一支后裔，大唐建国时，还出过一个宰相萧瑀。她长得好看，嘴巴又甜，活泼直爽，李治做太子时便进入了东宫。更重要的是萧淑妃还给李治生下了儿子，而王皇后膝下无子。在这种情况下，高宗专宠侧室，让王皇后感到了极大的威胁。然而更严重的事情发生了，以长孙无忌为首的大臣们建议皇上立太子，因为皇后无子，无嫡立长，于是就立高宗的长子燕王李忠为太子，这样以免立萧淑妃的儿子为太子。但是，这并没有让皇上回心转意，因为燕王李忠的母亲出身很卑微，皇上还是专宠萧淑妃。

后来，高宗和武才人的恋情渐渐地传遍了宫里，王皇后得知了高宗和武则天的私情后，就更沉不住气了，一个淑妃就够碍眼的了，又出现一个尼姑。但是，王皇后心里非常清楚，此时淑妃才是自己最大的威胁。于是，她想把武则天引进宫去牵制淑妃，她认为一个尼姑是不足为患的，再加上武媚娘背后没有权势依靠，即使皇上宠幸了她，有朝一日要除掉她也不是大问题。

王皇后就把这个想法告诉了自己的母亲柳氏，柳氏也觉得是个办法，想着一个尼姑也不足为患，改日再除不晚。两人又找舅父柳奭商量，柳奭明白自己的命运和皇后的命运息息相关，眼看着淑妃专宠，也觉得牵制淑妃的宠爱是最重要的，就同意了将武则天引回宫中的想法。

在母亲和舅父的支持下，王皇后速战速决，立即派人到感业寺通知武则天蓄发待诏入宫。然后，又将此想法告诉高宗，高宗正惦念着这藕断丝连的感情怎么处理，满心欢喜，觉得王皇后真懂他的心，对王皇后的态度也热情起来。武则天得知皇后让她蓄发准备入宫，心里非常高兴，虽然知道出去后一切都是未知数，但是，她还是决定再和命运赌一次，先出去，日后再相机而动。

不久，宫中果然来人接她了，回到皇宫后，王皇后喜笑颜开地对她嘘寒问暖，还说自己并不知武才人在感业寺，是皇上想念武才人，她才得知的,但是,武则天很快明白了皇后接她回宫的真正目的。在感业寺的那段时光,让武媚娘沉静了很多,少了些许往日的刚烈,也磨炼了坚韧的品格。后来,皇上去武则天处时,武则天总劝他要多礼遇皇后,高宗也从心里感激皇后,自然就应了,这样,皇上就把淑妃给搁置在了一边,王皇后也对她放松了警惕。

武则天再度进宫后,人就成熟多了,也了解皇上的喜好,对于后宫的人情世故也了然于心。而宫内的人都知道皇上和皇后性格不合,皇上细心敏感,而王皇后却不苟言笑,经常对皇上板着脸。武则天和李治则是互补的一对,武则天刚烈果断,善于谋略,还博学多才,能和李治谈论的话题很多。而李治性格内向,优柔寡断,正需要一位比他年龄稍大又让他感到放松的女子。

面对一国之君李治,武则天委曲求全,少了狮子骢事件时的锋芒毕露,变得温柔起来,再加上年岁的增加,不免多了几分风韵。在皇后面前,她常对皇后把她从感业寺救出来的事感恩戴德,使王皇后觉得武则天还是个知道感恩的人,可以同舟共济,就在皇上面前说她的好话,将她晋封为昭仪。

而面对身边的宫女、宦官们,武则天走了和皇后相反的道路,王皇后性格高傲,对上对下都不放在眼里,俨然一个孤立的冰美人。武则天却时时把皇上赐给她的东西赏给宫女、宦官们分享,特别是那些对皇后不满的人,她施恩更重,不久,她在宫内的眼线就很多了。她派他们去监视皇上和萧淑妃的动静。

这时,皇上被王皇后和萧淑妃的争风吃醋闹得心烦意乱,武昭仪渔翁得利,得到了皇上的专宠。高宗共十二个子女,最小的六个都是武则天所生,可见武则天是多么受宠了。但是,武则天有着更大的野心,她怎么会满足做一个昭仪呢?

其实,武则天的野心在她的第一个儿子出生时就显现出来了。她入宫后的第二年,也就是永徽三年(652年),就给高宗生了一个儿子——李弘,后来被册封为代王。

看到武则天不仅得到皇帝的专宠，还生下了皇子，并被赐予意义深远的名字，王皇后才突然意识到了武昭仪的威胁。于是她转而联合萧淑妃一起对付武则天，她们时常对皇上说武则天的坏话。而此时高宗对武则天十分宠爱，"不信后、淑妃之语，独信昭仪"，并且对皇后和萧淑妃结党营私、排斥异己的行为心生厌恶。

但武则天心里也清楚，王皇后和萧淑妃的家庭背景很强大，皇上也不会为了私情得罪她们两个的家族。于是，要实现自己的野心，废王立武，就得自己寻求出路。大约在永徽四年底或者永徽五年初，武则天生下了一个小公主，长得水灵灵的，高宗非常喜欢。永徽五年初，王皇后去武则天处探视小公主，逗小孩玩了一会便离开了。

据说武则天利用王皇后探视新生婴儿的间隙，亲手掐死了自己的女儿。等到高宗来了，武昭仪故作不知地随着他一起去看小公主，欢喜地说笑着，谁知一掀开被子发现，小公主已经死了。惊恐之时，高宗叫来宫中人询问都是谁来看了小公主，宫人都说："皇后刚来过。"

高宗见爱女横死，哪里还有心情去考虑其中的蹊跷？再联想起皇后以前就和萧淑妃勾结在一起为难武昭仪，现在见武昭仪生下女儿，自己又宝贝非常，未尝做不出杀人之事，于是立即就认定："后杀吾女！"这样王皇后在没有任何的心理准备的情况下被诬陷了，有口难辩，被打入了冷宫。其实，关于小公主之死，自古有多种不同的说法，上面是一种，也有说法认为小公主是自然死亡，武则天顺势推给了王皇后。

废王立武

高宗下定了废王立武的决心，便找大臣们商量，第一个就是长孙无忌，长孙无忌是开国功臣，又是高宗的舅舅，高宗被立为太子，长孙无忌下了很大的功夫。第二个是褚遂良，褚遂良在太宗在位时参与过很多军政大事的决策，太宗很看好他，所以想废黜王皇后一定得征询这两个老臣的意见。但是长孙无忌和褚遂良都坚持王皇后是先帝选定的儿媳妇，并无重大过错，不能随便罢黜，由于长孙无忌在朝堂上的地位举足轻重，看到他如此坚决地反对，高宗也不敢轻举妄动。

正当武则天和李治因废王立武发愁时，有一个叫李义府的人毛遂自荐，愿意为武则天卖命。其实，他也只是想保住官位而已，他本是中书舍人，因为得罪了长孙无忌，要被发配到壁州担任司马。李义府是个见风转舵、很识时务的人，他知道此时有能力、有胆量又有需要与长孙无忌正面作对的只有武昭仪，同时也知道武昭仪要做皇后，需要朝堂上有一个人站出来反对长孙无忌。为了保住自己的官位，李义府便投靠了武昭仪，并且上表直言请求废王立武。收到李义府的表章，高宗十分高兴，于是便提拔李义府做了中书侍郎。

与此同时，以长孙无忌为首的反对武则天的朝臣队伍也建立起来。裴行俭不赞同废后，就在外面说了些闲话，被武则天的人听到了，又通过杨氏传到了武则天的耳朵里，这样，裴行俭很快就被贬官为西州都督府长史，被赶出了京城。

永徽六年（655年）十月，唐高宗在退朝后把长孙无忌、李勣、于志宁、褚遂良等四位大臣单独留了下来，说有要事商量。他们四个很清楚皇上找他们是什么事，于是在见到皇上之前就商量好了对策。

皇上召见之后，便开门见山地对长孙无忌说："皇后无子，武昭仪有子，今欲立昭仪为后，何如？"谁知长孙无忌还没开口，褚遂良便慷慨激昂地陈述了一通大道理："皇后名家，先帝为陛下所娶。先帝临崩，执陛下手谓臣曰：'朕佳儿佳妇，今以付卿。'此陛下所闻，言犹在耳。皇后未闻有过，岂可轻废！臣不敢曲从陛下，上违先帝之命！"不仅不同意皇帝废掉王皇后，甚至给李治扣上了不尊先帝遗命的罪名，李治听罢大怒立刻拂袖而去。

但是，武则天绝不是知难而退之人，这次她败给了长孙无忌等人，便给高宗出主意，谋求下一回合的胜利。第二次召见，李勣称病躲在家中没去，褚遂良似乎不敢再继续用"违先帝之命"的名义来反对废除王皇后了，便退而求其次地说："陛下必欲易皇后，伏请妙择天下令族，何必武氏！武氏经事先帝，众所共知，天下耳目，安可蔽也？

万代之后，谓陛下为如何！愿留三思！臣今忤陛下，罪当死！"反正就是如果皇上要换皇后也可以，但不能是武昭仪，可以选个出身好的，并且攻击武则天的清白问题，甚至以千秋万代的名声来威胁唐高宗。

然后褚遂良又状若癫狂地在御阶之下凶猛地磕头，弄得头破血流，还将手里的笏板扔到殿阶之上，大叫："还陛下笏，乞放归田里！"翻译成现代语言就是："还你的破笏板，我不干了！"唐高宗对褚遂良如此失礼的言行震怒不已，便要命人轰他出去。

正在朝堂上推推搡搡乱成一团的时候，只听见朝堂的帘子后面忽然传来女子清脆冷冽的声音："何不诛杀此獠！"幸好长孙无忌反应快，在高宗说出"好"字之前高声说："遂良受先朝顾命，有罪不可加刑！"于是褚遂良总算没有被杀死。这场朝堂上的闹剧很快就在宫中传开了，这样一来，以前没有通知来议此事的大臣也上表反对立武昭仪，大部分宰相举了反对票，这让高宗和武昭仪不免有点失望。

突然，高宗发现李勣没来，也没上表。李勣一直称病在家，他到底是什么意见呢？于是，高宗单独召见了他，试探他说："朕欲立武昭仪为后，遂良固执以为不可。遂良既顾命大臣，事当且已乎？"李勣是个聪明的人，他没有直接回答皇帝的问题，而是说："此陛下家事，何必更问外人！"

高宗一听非常高兴，局势立马有了转机，支持武昭仪的人听说了他的意见也非常高兴，许敬宗在朝中扬言说："种田的农民若是多收了十斛麦子还想着换老婆呢，何况天子想立皇后，哪有别人插嘴妄言的余地！"武则天运用她在宫中的势力很快便将许敬宗此话宣传开来，为皇帝改立皇后造势。

永徽六年十月十二日，唐高宗下诏："王皇后、萧淑妃谋行鸩毒，废为庶人，母及兄弟，并除名，流岭南。"这样，王皇后就被废掉了，可是后宫不可一日无主，没过几天，许敬宗就上表，请求皇上设立新后，这正中高宗下怀。

十一月一日，武则天正式成为皇后。册立当天，武则天在肃义门接受文武百官的朝拜，这在中国历史上也是第一次，以往的皇后是没有这个待遇的。以往的皇后只能接受内外命妇的朝拜，百官不需要朝拜皇后。可见，武则天一当上皇后就与众不同，她已经成长为一位了不起的政治家，这些都昭示了她的野心在更大的地方。

武则天当上皇后以后，当然，那些反对武则天的人也就要遭殃了，长孙无忌、褚遂良先后被贬官流放。没过几年，褚遂良就死在了爱州（即今越南清华），长孙无忌在黔州（治所在今四川彭水）被迫自杀。树倒猢狲散，长孙无忌一死，很多人都被牵连进来丧了命，这场家庭内部的问题已经蔓出家务事的范畴。通过这场斗争，唐高宗李治不仅按照自己的心意改立了皇后，更摆脱了顾命大臣的掣肘，成为真正一言九鼎的皇帝。皇宫内部的权力争斗，让武则天看到了权力的力量，失去权利立刻就有性命的担忧，所以这次她要握紧手中的权力。

武则天先后嫁了两位皇帝——唐太宗和唐高宗；生了两位皇帝——唐中宗和唐睿宗。这期间虽说历尽艰辛，但武则天终于一步步实现了自己的理想，也实现了相面先生的预言，她成为唐高宗的皇后，继而又建立了武周政权，这位了不起的女人在男权社会中一步步开创了女性的新时代，成为中国历史上唯一君临天下的女皇，并且是有作为的皇帝之一，从贞观之治到开元盛世，这之间离不开她的功劳。这样一个女人，在中国历史上抹下了浓重的一笔。

第二章

李武之争，女皇的困境与努力

儿子与侄子的抉择

载初元年（689年）九月九日，武则天正式称帝，改国号为周，改元天授。中国历史上最著名的女皇帝就这样诞生了。

武则天登基时已经是六十多岁的老人,虽然如愿以偿,却面临着一个现实的问题:究竟由谁担任继承人。在长期以来儒家政治学说的浸染下,中国政治权力都遵循"一家一姓,万世不易"的传统。这一传统使武则天在继承人的选择上陷入了一个悖论:作为李家的媳妇,她的儿子无疑是自己最亲近的人,却和自己不是同一个姓;反之和自己同一个姓的武氏族人却和自己不是一家人。

这个伦理与政治上的矛盾迫使武则天不得不在即位之后暂时搁置了继承人的问题,将被其废掉的四子李旦立为"皇嗣"。听起来李旦似乎是继承人,却完全没有太子应有的权利和权力,反而被夹在当中左右为难。从这个不伦不类的称呼中,也可以看出武则天当时心情的矛盾与复杂。

然而正所谓树欲静而风不止,虽然武则天极力想淡化继承人的问题,但各方势力却都野心勃勃地意图在这一问题上挑起事端。在武则天所生的几个儿子中,长子李弘早已去世多年,次子李贤也因为莫须有的谋反罪名被武则天诛杀,三子李显被流放,每日担惊受怕,朝不保夕,只有四子李旦暂时还保住了在朝中的位置。可以说,李唐皇室的子孙此时已全部失势。这样一来,凭借武则天称帝而兴起的武氏族人便对皇位虎视眈眈,渐生觊觎之心。

其实,对武则天的生平略加考察,便不难发现,她与父族那边的亲戚关系并不好。武则天的母亲杨氏是父亲武士彠的填房,而武则天的两位兄长武元庆和武元爽均是武士彠的正室相里氏所生。武士彠去世后,这两位哥哥因为家产的问题,对杨氏母女的态度十分冷淡。

而武氏族人对杨氏这个只会生女儿的妇人也很不喜欢,武则天的两个堂兄武惟良、武怀运对杨氏及其几个女儿更是非打即骂。亲属的无情从小就在武则天的心中留下了恶劣的印象,在这种情况下,武氏族人原本不可能从武则天的发迹中获得任何好处。

尽管武则天成为皇后之后,曾经一度给几个兄长加官晋爵,但武氏弟兄几个却毫不领情，反而将此看作作为功臣之后理所应当的结果。见此情况，武则天毫不犹豫地找了个借口，以"谦让无私，裁抑外戚"的理由将武氏兄弟贬职到外地，不久他们先后死去，武则天也算出了当年的一口恶气。

虽然如此，但中国政治结构中重用外戚的传统使武则天不得不依靠武氏族人来巩固自己的地位，否则就有孤立无援之虞。尽管几个兄长死的死、散的散，他们的子嗣却卷土重来，在武则天的支持下进入朝廷并担任要职，成为武周时期一股举足轻重、不可忽视的势力。这其中，以武承嗣最为权倾一时。

武承嗣是武元爽的儿子，早年由于父亲获罪，在当时尚属蛮荒之地的海南岛度过了他的青少年时代。武元爽很快就死在了流放地，但武承嗣则熬到了出头的一天。到咸亨五年（674年），武则天大概是意识到了外戚力量的重要性，便将武承嗣召回，让他继承了武士彟的周国公的爵位，又授予他尚衣奉御的职位。武承嗣是个很有政治头脑的人物，他深深地明白，自己的政治前途和命运全部维系在这位姑姑的身上。

因此，他不遗余力地帮助武则天逐步实现她称帝的梦想。他的努力获得了武则天的肯定，其官职爵位也因此而步步高升。到光宅元年（684年），武承嗣被封为魏王，又担任了相当于宰相一职的同中书门下三品和礼部尚书，可谓位高权重。

武承嗣利用其职权，大肆制造各种"祥瑞之象"，给武则天的称帝制造合法性和正当性的理论依据。首先，武承嗣为了提高武氏家族的地位，建议武则天追封五代祖宗为王，并立庙祭祀。这一建议虽然遭到了朝臣的极力反对，却正合武则天的心思。不久，武承嗣又搞出了拜洛受图和《大云经》的把戏，为武则天称帝大造舆论，不能不说，在武则天称帝的过程中，武承嗣起到了相当重要的作用。

武承嗣这么做，显然是看到了除了位极人臣之外的另一种可能性——黄袍加身，称孤道寡。按照中国政治的传统，武则天的登基，意味着武氏取李氏之位而代之。从政治伦理学的角度来说,由武氏族人接任皇位也未尝不可。而武承嗣作为周国公武士彠的孙子和爵位继承人,自然当仁不让地成了皇位的第一顺序继承人。恐怕武承嗣正是考虑到了这一点,才会如此尽心尽力地支持武则天的登基。

武则天称帝之后,武承嗣更是急不可待,希图有一日入主东宫。一方面,武承嗣继续竭尽所能讨好武则天,长寿二年(693年),武承嗣纠集了五千余人一同上表,请武则天加尊号"金轮圣神皇帝",这个带有强烈佛教色彩的尊号让武则天很是受用,而如此大规模的上表行动也让武则天龙颜大悦,当即接受了这一尊号。见此计得逞,武承嗣干脆变本加厉,第二年又纠集了两万六千余人为武则天上了一个更加不伦不类的尊号"越古金轮圣神皇帝",武则天也照单全收。

而与此同时,武承嗣又授意凤阁舍人张嘉福纠集了以洛阳人王庆之为首的数百"平民",集体向武则天上表,王庆之涕泗横流,以死相劝,说什么"神不歆非类,氏不祀非族",既然武氏为皇帝,怎么可以以李氏子孙为皇嗣呢?要求立武承嗣为太子。一时间,此类言论甚嚣尘上,不用说,这都是武承嗣的授意。

武承嗣如此所作所为,难免引起朝中一些怀恋旧主、行事正直的大臣的不满。为了堵住反对者的悠悠之口,武承嗣又大开杀戒。他勾结武则天时期著名的两个酷吏周兴和来俊臣,对反对他的大臣举起了屠刀。当时大臣李昭德为人刚正不阿,对武承嗣编造的祥瑞很是看不过眼,曾经数次当众指斥此种行为。

后来李昭德又向武则天上表,认为武承嗣身为亲王而担任宰相之职,未免权力过大,对皇权造成威胁。这一建议得到了武则天的同意,而武承嗣也因此丢掉了宰相职务。被降职的武承嗣对李昭德恨得牙关痒痒,不久就唆使来俊臣罗织罪名,深文周纳,将李昭德打成冤狱,流放被杀。而李孝逸、韦方质等宿老不愿事奉武周政权,武承嗣也多次建议武则天将其诛杀。

大臣尚且如此,身为武承嗣直接竞争对手的李唐皇族子孙就更不用提。早在武则天尚未登基之时，武承嗣就建议武则天"去唐家子孙"。武则天掌握朝中大权时，不少皇族子弟纷纷起兵反对，这给了武承嗣一个赶尽杀绝的绝妙借口。垂拱四年，越王李贞及其子起兵反对武氏，兵败被杀，武承嗣趁机将韩王李元嘉、鲁王李灵夔等一干亲王以通同作乱的罪名全部杀掉。天授元年，武承嗣又大杀宗室子孙，对年幼者则流放岭南，李唐皇族几乎被屠杀殆尽。

　　武承嗣的所作所为虽然让武则天对其甚为信任，但引起了朝中大臣的不满，甚至武则天甚为倚重的狄仁杰、吉顼等人都不赞同由武承嗣继任太子。其实这也难怪，平心而论，武承嗣虽然身居高位，执掌国柄，他本人才能却很有限，除了打击异己、制造舆论之外，经邦济世的本事实在是乏善可陈；和他相与甚得的，也大多是只会阿谀奉承的溜须拍马之辈。这样一个人怎么可以成为皇位继承人呢？

　　有一次，武则天又就皇储的问题征求左右重臣的意见，狄仁杰趁势表示，自古以来，只有儿子将父母供奉在太庙中祭祀的，但从来没听过侄子将姑姑供奉在太庙中祭祀的。言下之意，当然是劝说武则天立子不立侄。狄仁杰的劝谏可以说最终坚定了武则天的想法。就在这次谈话之后不久，武则天正式下诏，立原已被贬为庐陵王的三子李显为太子。这场立嗣风波可以说暂时告一段落。

神龙政变，女皇走下神坛

　　武周神龙元年正月的一个晚上，还是春寒料峭的时节，原本应该戒备森严的洛阳禁宫内却纷乱如麻。一队全副武装的羽林军在羽林将军桓彦范和敬晖的带领下冲进宫内，随即占领了各个出入口，并迅速向武则天的寝宫迎仙宫扑去。

　　惊慌失措的内侍和宫女不知发生了什么事情，吓得乱作一团，四处逃窜，却又被弓上弦刀出鞘的羽林军拦了回来，有不识好歹大声尖叫的，早被羽林军一刀一个砍翻在地，其余人被吓得说不出话来，只得躲在墙角瑟瑟发抖。他们惊恐地看到，紧随羽林军其后进入内宫的，竟然是当朝太子李显,以及凤阁侍郎张柬之、鸾台侍郎崔玄,还有司刑少卿袁恕己这几员公认是"太子党"的朝臣。

这究竟是怎么回事儿呢?

武周末年,二张乱政,他们仗着女皇对他们的宠信,毫无顾忌,肆意妄为,甚至连李唐皇室和武氏族人这两支能够左右朝局的重要势力都不放在眼里。这就引起了李武双方共同的不满和紧张,而这其中又以李唐皇室的势力受到的压制和打击最大。经过立储风波之后,太子人选终于确定,李唐皇室终于可以在武则天百年之后回归。但是如果二张的势力崛起,受害最深的无疑还是李唐一族,好不容易努力得来的局面将灰飞烟灭,而武氏一族虽然亦会受到冲击,但由于在立储风波中受到打击,几乎已经退出最高权力争夺,又受到李武盟誓的牵绊,因此反而不会被波及太深。

此外,武氏族人和二张兄弟之间的关系也远较李唐皇室与后者的关系为亲密。武三思在武则天面前对张昌宗的极力褒扬,把他比作神仙中人,这虽然是赤裸裸的溜须拍马,但张昌宗听了也很受用。正所谓投桃报李,张昌宗在武则天面前也极力推崇武三思,称他是当时"十八高士"中首屈一指的高人,简直可以与开国元勋房玄龄、杜如晦等贤臣相提并论。

于是两者的关系一度十分亲密,再加上武氏族人颇多擅于逢迎之辈,每见二张兄弟,张口五郎,闭口六郎,执礼甚恭,以奴仆自居,这些招数都让二张对武氏族人颇有好感。相比之下,太子李显、相王李旦,乃至太平公主等人虽然为了自保,也依葫芦画瓢地谄事二张兄弟,他们周围的一帮朝臣中却不乏心直口快的正义之辈,比如魏元忠正是如此。他们在基层对二张兄弟及其一党的胡作非为每有处理,二张兄弟"恨屋及乌",自然对李唐皇室的子孙相对要冷淡很多。

更糟糕的是,随着武则天年纪的增长,她的身体越发虚弱。到神龙元年时,垂垂老矣的武则天已是沉疴在身,卧床不起,文武百官、诸王公主甚至太子李显都很难见到她。武则天由于久病,心情烦躁,索性谁也不见，只留下二张兄弟在她身边侍奉汤药。这样一来，二张兄弟便成了武则天和外界沟通的唯一渠道。

这对于李唐皇室、特别是太子李显来说无疑是非常危险的。如果武则天一旦不豫，遗诏就只有二张兄弟看得到。届时如果二张兄弟心生异志，无论是选择自己称帝，还是退一步与武氏家族联手，对李唐皇室诸子孙来说都是致命的打击。

凡此种种原因，都让李唐皇室的势力决定采取非常手段，趁着武则天重病，对朝政控制放松之际，发动武装政变，除掉二张兄弟，拥立太子李显掌握实际权力，以确保万无一失。这一计划由时任凤阁侍郎的张柬之首先提了出来。

张柬之是襄阳人，早年间曾经是太学生，后来考取贤良出身，官至凤阁舍人。可是由于反对武则天侄孙武延秀娶突厥默啜可汗女，触怒了武则天，先后被贬为合州刺史和蜀州刺史。后来，在狄仁杰的再次推荐下，张柬之被重新启用。

由于狄仁杰和姚崇均认为张柬之乃是"宰相之才"，"沉厚有谋，能断大事"，因此张柬之得到了武则天迅速的拔擢，升为凤阁侍郎，处理朝廷政事。到神龙元年时，张柬之已经80岁了，但他仍然雄心勃勃。虽然武则天对张柬之非常重用，不过能受到名臣狄仁杰和姚崇的推荐，张柬之自然在政治上倾向于李唐王朝。他眼见二张乱政，把持朝纲，太子李显之位岌岌可危，便决心先下手为强。在张柬之的出面组织、联络下，一班同样拥立李显的大臣集合在一起，策划了一个铲除二张的政变计划。

政变当然首先要掌握一支可以信赖的军队：张柬之利用职务之便，安排桓彦范、敬晖、杨元琰等人担任羽林将军，以掌握军权；接着他又让桓彦范、敬晖二人以羽林军将军的身份拜见太子李显，趁机向其汇报了政变计划，并希望得到李显的支持。原本胆小怕事的李显见张柬之等人布置周密详细，略加犹豫也就答应下来，并且联络了相王李旦和太平公主一起行动。

李唐皇族成员的加入不仅使这次政变具有了合法性和正当性,也壮大了这一政变集团的势力。除了已经掌握一部分军权的相王李旦外,太平公主也积极配合行动。她虽然是武攸暨的媳妇,但她更是李唐皇室的一员。作为女性,她有更多的机会出入内宫,相比李显和李旦更能够接触到武则天;而作为武家的媳妇,她也有机会接触到当时武氏家族中最有权势的梁王武三思。

　　因此,太平公主在政变谋划中频频进出于皇宫和武家,密切地注意着武则天和武三思等人的异动,为张柬之提供了大量珍贵的第一手情报,有助于政变集团掌握武则天和武氏家族的最新动向。不仅如此,根据后世史家的研究,太平公主还成功地将武则天甚为宠信的女官——上官婉儿拉到了自己一方。

　　上官婉儿的祖父是唐高宗时的宰相上官仪,由于上官仪劝高宗废去武后,结果事机不密,被武后发现,落得个身首异处的下场。当时还是婴儿的上官婉儿也随母亲被降为宫中的婢女。不过上官婉儿遗传了祖父的诗文才华,又受到母亲的悉心培养,年纪稍长,就以诗文闻名。

　　武则天得知此事,便把上官婉儿提拔起来,留在自己身边,负责各种类似于今天文艺沙龙的活动;后来武则天年老力衰,上官婉儿又替女皇起草诏书,参与朝政,逐渐掌握了一部分政治权力。可以说,除了二张兄弟外,上官婉儿也是武则天身边的心腹。

　　野史中记载,上官婉儿曾经与张昌宗私通,结果被武则天发现,处以黥面之刑,而上官婉儿为了遮挡受刑痕迹,发明了"梅花妆"和"上官髻"。由此观之,上官婉儿与二张兄弟交情莫逆,怎么会倒向李唐皇室一方呢?

　　其实这是小说家言,不足为信。作为一个从小就受到政治斗争牵连,后来又有丰富政治经验的宫廷女性,上官婉儿对当时的政治局势还是很清楚的。二张虽然声势煊赫,但完全系于女皇一身,可谓无本之木无源之水。两相比较,倒不如投向未来的皇帝一边。也正是因为上官婉儿的加入,政变的成功指日可待。

万事俱备，只欠东风。神龙元年正月，京城忽然传出了二张兄弟"潜图逆乱"的流言和揭帖。这一消息的来源很可疑，也许确有其事，也许只是政变集团为发动政变炮制的又一条件。

总之，政变集团以这一消息为理由，于某日深夜在张柬之、桓彦范、敬晖、崔玄暐、袁恕己等人的组织下，联合左羽林将军李湛、李多祚，右羽林将军杨元琰、左威卫将军薛思行等人，率五百余名羽林军杀入宫中。

此时的张昌宗、张易之兄弟俩正在寝宫内服侍武则天准备就寝，闻听外面隐隐传来的脚步声和哭喊声，不禁心中生疑，连忙起身走出殿门查看，谁料正与冲进殿来的羽林军撞个满怀。桓彦范和敬晖一声令下，羽林军刀枪并举，可怜一对花样美男，顷刻间横尸当场。随后赶来的太子李显在张柬之等人的陪同下进入武则天的寝殿，向武则天"请安"。

武则天一生经历无数险恶的大风大浪，早就明白了是怎么回事。正所谓输人不输阵，作为女皇的威严还是要保留的。她强打精神，威严地坐在龙榻上，喝问这是怎么回事。此时的李显早已被母亲吓得瞠目结舌，还是张柬之向武则天禀报，说二张兄弟谋反，太子率一干大臣入宫清理宫闱捉拿叛逆云云。并且要求女皇退位，传位太子。

此时的武则天，已经没有精力和实力再与蓄谋已久的政变集团对抗了。她接受了这个事实，宣布由李显暂时监国。经过这场史称"神龙政变"的政治斗争，武则天终于退出了政治舞台，而李唐皇室则回到了帝国的中心，重新掌握了至高无上的权力。

第三卷
盛极而衰,惊心动魄的拐点

第一章

开元盛世，登上大唐王朝的巅峰

不是只有刘备才会哭

唐玄宗李隆基，唐高宗与武则天之孙，唐睿宗李旦第三子。唐隆元年（710年）六月，李隆基与太平公主联手发动"唐隆政变"，诛杀韦后集团。先天元年（712年），李旦禅位于李隆基，李隆基于长安太极宫登基称帝。

李隆基是个心有抱负，富有才华和手段的君主。只要能够找到合适的人来辅佐他，一个黄金时代就必然来临，所幸，唐玄宗遇到了姚崇和宋璟。

在武则天之时，姚崇便已经入朝为官，在这期间，姚崇表现出了非凡的政治才能，对于许多武则天难以解决的政治难题，他都能上书论政，对答如流。于是，武则天将姚崇派遣为主管刑狱的官员。恰逢武则天推行严刑峻法，主管刑狱的官员大多是酷吏。姚崇为官清廉，执法公正，避免了很多冤假错案的发生，甚至还将那些蒙冤受屈之人放了出来，在朝野上引起很大争议，幸好武则天不拘一格任用人才，见姚崇非比常人，遂连连提拔他。

圣历元年，姚崇终于坐上了尚书的位置，同时还兼任了相王李旦府的长史。如此快的晋升速度，不得不让人怀疑，为官清廉、执法公正的人，历史上虽然不是很多，但也不少。何以姚崇会独占鳌头呢？

在为人上，姚崇为人豪放、雅量高致。为官上，更是才华出众、沉稳灵活。加之遇到了武则天这样一个不拘一格的君主,让姚崇在步入仕途之后,便一路顺风顺水,平步青云。很快便坐上了武则天大周王朝的夏官(即兵部)郎中。也正是到了这个位置,姚崇的才干才真正地体现和发挥出来。

适时,契丹大举进攻中原,为了防止他们的袭扰,武则天派遣大军前去抵御敌人,一波三折之下,契丹军大败而归,捷报传来,武则天龙心大悦。到了论功行赏之时,武则天发现,在这一期间,兵部的事务极其烦琐,但是姚崇凭借其过人的才能,让原本紊乱不堪的事务变得井井有条。素有爱才之名的武则天,立刻提拔姚崇做了夏官侍郎。

神功元年(697年),武则天的政权已经越来越稳固,安下心来的武则天对于那些枉死狱中的朝臣,对于那些酷吏捏造的冤假错案,也进行了反思。姚崇曾在秋官(即刑部)任职,对于周兴和、来俊臣等一干酷吏和他们的伎俩,他是很清楚的。虽然没有亲身经历那些风云跌宕的变故,但至今想来也是心有余悸。这些人借着武则天的护佑,滥用刑罚,无法无天,造成了无数人家破人亡。

如今见武则天有此感悟,姚崇便直言不讳地向武则天陈述了自己的意见。姚崇认为,汉朝最大的冤狱,莫过于党锢之祸。但自大周垂拱时期(685~688年)到现在,有多少人因为被冤枉而家破人亡?为了能够立功,那些告密的人可谓无所不用其极,想尽各种办法去罗织别人的罪状。如此一来,皇帝派遣下去的人,一个个都战战兢兢如履薄冰,自身难保之下,哪里还顾得上他人的死活?那些被冤枉的人,只要能够苟全性命,就不会想要重新崛起,闻达于朝野,因为那样一来,他们便会面临酷吏的追杀,惨遭他们的毒手。所以看起来,一切的冤假错案似乎都是证据确凿、无可辩驳的。

姚崇还认为,幸好武则天早早醒悟了过来,将那些国家的毒瘤清除了,整个朝野才渐渐安定了下来。所以姚崇便用自己以及全家人的头颅作担保,从今往后,朝廷内外一定不会有谋反的人了。同时,姚崇还向武则天建议,今后若有人密告有人谋反,皇帝陛下只要将那些状纸收存起来，不加追究就可以了。如果真的发现了有人谋反的确凿证据，自己甘愿领受知而不告的罪责。

武则天不愧是古今女子第一人，对于姚崇的尖锐批评和毫不顾忌其颜面的建议，武则天不但没有追究其诽谤之罪，反而表现得很是高兴。因为她认为，以前的那些文武重臣，食君之禄却不忠君之事，对于既成的事实不但不加以反思，反而推波助澜，让自己成了一个滥杀无辜的君主。姚崇今日的言论，正好说到了自己心里去了。于是，武则天命令给姚崇赏赐了千两白银。更为重要的是，二人的相知和相惜，经过这件事情，可谓百尺竿头更进一步。

一年以后，武则天便提拔姚崇担任了宰相，可是几年以后就因为刚正不阿而得罪了深受武则天宠信的张易之、张昌宗兄弟，遭到了报复，武则天听信了张氏兄弟的谗言，将姚崇调离京城，转而做了灵武道德大总管。临行之前，为了让朝中局势不致因为姚崇的离去而发生动荡，武则天便向姚崇咨询，由谁来继任宰相之职较为合适。

其实在此之前，姚崇就十分欣赏张柬之的才能，屡次向武则天推荐过此人，而张柬之也因此仕途平顺、屡受升迁，只是一直没有坐上宰相的位置。这一次见武则天向自己问起宰相的继任人选，姚崇毫不犹豫地向武则天推荐了张柬之，武则天也知道张柬之的才能。其实在不久之前，张柬之在武则天的心目中，已经是宰相的不二人选，此时见姚崇有心推举他，武则天索性顺水推舟，让张柬之做了宰相。

此时张柬之虽然已经年近八十，但仍然老当益壮，把朝中一应事务收拾得井井有条。同时，他还利用职务之便积极联络有志之士，积蓄力量准备打击张易之和张昌宗两兄弟的势力。

不久，张柬之联合了桓彦范，与姚崇等人一起，一举剪除了朝中最大的蛀虫张氏兄弟。其实对于张氏兄弟，武则天早已有心铲除，可是她没有料到张柬之等人竟然趁此机会将自己推下了天子宝座，转移到上阳宫中了却残生。武则天的第三子李显登基称帝，是为唐中宗。

政变成功了，张柬之、姚崇等功臣，也论功行赏，获益匪浅。但是姚崇整日愁眉紧锁，一副忧心忡忡的样子。这日，在中宗的率领下，众人前去上阳宫向武则天问安。正在路上，一个人的啼哭声引起了大家的注意。这个人不是别人，正是在政变中立有大功的姚崇。原来姚崇在夺取了武则天的权力之后，由于之前屡受武则天的恩德，故而始终心存愧疚。而且他也认识到，虽然武则天被废黜了，权力似乎重新回到了李家正统的手中。但是实际上，斗争远远没有结束，韦后掌权也是迟早的事情。如果这个时候还留在京师，必然被卷入宫廷斗争，朝不保夕、祸福难料。

所以对于众人的关心，姚崇大胆地说："我是个恋旧的人，事奉则天皇帝，转眼已经有数十年光景了，现在她突然离开了朝堂，发自内心的感情，又怎么能够控制得住呢？昨天我经过深思熟虑，参与了你们组织的诛杀凶逆之举，也算是尽做了臣子的常道，不敢说有什么功劳；今天与旧日的主子告辞而悲泣，也是作为臣子应有的节操，由此而犯罪，哪里有什么可以惧怕的呢？"

经此一事，姚崇被调离朝廷，做了亳州（治所在今安徽亳州）刺史。暂时远离朝廷的纷争，不失为一个明哲保身的明智举动。果然，姚崇去了亳州后不久，张柬之便被杀死，武三思和韦后则相继掌权。后来武三思被杀，中宗更是被韦后与安乐公主毒死，朝中大权彻底落入了韦后母女的手中，直到李隆基发动政变，政权才最终回到了李氏家族的手中。而姚崇也在这一连串的宫廷变乱之中，得以毫发无伤。

也正是如此，才让姚崇得以在以后的政治生活中，真正大展拳脚，实现其政治抱负。景云元年，继位的睿宗李旦，将姚崇重新调回了京师，做了兵部尚书、同中书门下三品。

算起来，姚崇是第二次坐上了宰相之位。但是这一次，他的政治生命并不是很长久，因为此时朝中大权大都落入了太平公主的手中，眼看着另一个武则天就要崛起在朝堂之上，姚崇冒着被太平公主记恨的危险，向李旦提出建议：首先剪除支持太平公主的王侯势力，将他们派遣到各个州县去；其次则是将太平公主安置到洛阳，远离京师长安。如此一来，李隆基就能够稳坐东宫太子之位。

谁知唐睿宗不仅没有采纳姚崇的建议，反而将他的想法如实告知了太平公主，这样一来，姚崇便成为了太平公主的眼中钉、肉中刺。幸好李隆基早就看出了太平公主的企图，为了保护姚崇，李隆基向唐睿宗进言说，姚崇胆大包天，竟敢挑拨他们兄妹的关系。经过商议，睿宗决定将姚崇贬为地方官。此次距离姚崇上任为宰相，尚不到一年的时间。

不久之后，也就是开元元年（713年），唐玄宗率先出击，将太平公主的一干党羽一网打尽，从此从名义上到实际上，都成了大唐江山唯一的君主。姚崇政治生涯的黄金阶段也宣告来临。

十事要说说时事

这一天，玄宗率领朝中众臣前去新丰（治所在今陕西临潼东北）检阅军队，按照制度，皇帝在外出巡，方圆三百里范围内，无论官职大小、地位尊卑，所有的州郡官员都需要去皇帝的行宫朝见。姚崇身为同州（治所在今陕西大荔）刺史，应该按照规定前去朝见皇帝。除此以外，姚崇还得到了唐玄宗的秘密召唤，于是便立刻启程赶往行宫。

姚崇赶到时，玄宗正会同文武百官一起游猎，一见姚崇来了，皇帝顿时心下大喜。只是他担心，姚崇年已老迈，还能否出山为自己重整河山，整肃朝政？于是李隆基便问姚崇，是否能够骑马射猎？姚崇当即答道，自己不仅从小就会，而且到了二十岁之时更是精于此道，现在自己虽然老了，却希望还能够以呼鹰逐兽为乐，游戏于江湖之远、山水之间。

唐玄宗见姚崇如此自信，就让他加入了狩猎的阵营，只见姚崇在猎场上挥洒自如、动作矫健、身手灵活。静如猛虎假寐，动若狡兔飞驰。唐玄宗看了，心中大喜，甚是满意，遂决意重新重用姚崇。

狩猎结束之后，姚崇被叫进了唐玄宗的营帐之内。玄宗向他问及对于当下国家局势的看法，对于玄宗的问话，姚崇成竹在胸、智珠在握，说得逸兴遄飞、头头是道，让唐玄宗感到心旷神怡、感慨不已，马上表示姚崇应当成为大唐的宰相。

面对皇帝的邀请，姚崇并没有立刻领旨谢恩，他对唐玄宗说，自己有十点意见要说明，只要唐玄宗做到了，自己必将鞠躬尽瘁死而后已，但如果唐玄宗不能做到，则这个看似权倾朝野的宰相一职，自己无论如何也不会去当的。

玄宗一听，顿时觉得很有趣，不管姚崇的意见是什么，且让他说个清楚，再加以定夺不迟。姚崇遂将自己的十条意见娓娓道来。

第一，自唐玄宗做了皇帝以来，朝廷依然延续武则天的做法，以严刑峻法治理天下。这不利于安抚人心稳定朝纲，因此姚崇便建议唐玄宗废除严刑峻法，以仁义治理天下。

第二，朝廷曾经在青海一带被吐蕃打败，但是朝廷不但没有收敛，反而变本加厉，连连对外用兵、征战不休。是故姚崇建议，希望朝廷在十年之内，不要妄动刀兵。唐朝内部刚刚经历了长达九年之久的变乱，正需要休养生息，无论从经济实力还是军事实力而言，唐朝都不适合对外发起新的战事了。所以对于姚崇这一条建议，唐玄宗是打心眼里赞成。

第三，宦官制度流弊无穷，一旦出现宦官专政的现象，就会构陷忠良、搅乱朝纲。但是自从武则天时期，宦官便得到重用，代表朝廷行使权利。所以姚崇向唐玄宗建议，今后一定要杜绝宦官参与朝廷政事。关于这一点建议，唐玄宗并不以为然，因为在他夺回帝位的过程中得到了宦官的帮助，因此他对于宦官很有好感。所以对于姚崇的这一提议，唐玄宗并没有马上作出答复。

第四，姚崇对于唐玄宗的心中所想也是心知肚明，见唐玄宗心生犹豫，深谙进退之道的姚崇并不在这件事情上多做纠缠。直接说自己的第四点意见：自从武氏家族坐拥整个江山之后，许多高官要职都被他们所窃取。后来韦后和安乐公主更是大肆任用外戚家族，导致中宗权力空虚。所以姚崇便向唐玄宗建议，希望他在以后的执政过程中，能够做到皇亲国戚不在国家要害部门任职。对于这一点，唐玄宗有切身体会，感触颇深。因此，姚崇的这一建议也得到了唐玄宗的认同。

第五，姚崇又建议唐玄宗，为了做到朝政清明、河清海晏，就要严格执法，对于奸佞之徒，不管职位高低、关系亲疏，只要触犯了国家法律，都必须严惩不贷。

第六，姚崇建议玄宗，除了正常的国家税赋差役之外，要严厉杜绝苛捐杂税和摊派科率，这样才能肃清吏治，与民休息。唐玄宗正是胸怀雄心壮志之时，既然这样做对国家和自己的统治有好处，唐玄宗自然毫不犹豫地答应了下来。

第七，由于李唐推崇道教，而武则天在位时又大兴佛教，因此自开国以来就兴修了不少道观寺庙。姚崇认为，不管是武则天建造福先寺，中宗建造圣善寺也好，还是睿宗建造金仙、玉真观也罢，都是虚耗国库、压榨民力的行为。所以姚崇建议，在唐玄宗统治期间，一定要禁止继续建造寺庙道观。唐玄宗也知道这些现象，对于怨声载道的人民，唐玄宗何尝不是心中难安？今日姚崇既然提了出来，自己断然不会那样做了。

第八，姚崇认为，古人立下了礼不下庶人、刑不上大夫的古训，而武则天任用酷吏，肆意构陷凌辱朝臣，既有违君臣之礼，又容易造成朝野的恐慌。因此姚崇希望唐玄宗对于臣子一定要以礼相待。唐玄宗当即表示，事情本就应该这样做，姚崇的建议很有道理，自己自然要从善如流。

第九，姚崇从武则天时代开始便在朝中为官，无论官职大小，总算是见多识广。因此他认识很多因为犯颜直谏而被判罪的直臣，姚崇认为大臣动辄以言获罪会让人们对朝廷感到灰心。所以他请求唐玄宗，凡是作为天朝臣子的，皆可以犯颜直谏，无所避讳。玄宗时常以海纳百川、有容乃大的心态，处理朝中事务。对于忠言，不仅乐于去听，而且愿意按照忠言去做。

第十，姚崇总结了东汉和西汉两朝的经验，深知外戚乱政、流弊无穷。如今想起来，也是如芒刺在背，让人感到寒心。自武则天开始，唐朝的外戚政治便日盛一日。因此姚崇请求唐玄宗以此为鉴并且告诫后世子孙，警惕外戚干政。唐玄宗经历过诸武把持朝政的时期，甚至外戚干政的危害，因此也很同意。

　　唐玄宗基本上认同了姚崇提出的"十事要说"，于是姚崇就正式成为唐玄宗的宰相。再次拜相的姚崇，以国家安定、百姓康宁为己任，大力打击那些欺压良民的贪官污吏，即便是皇亲国戚也毫不容情。当时薛王李业的舅舅王仙童财大势大，权倾一时，连唐玄宗都敬他三分。但是此人仗着自己的权势为非作歹、欺压百姓，于是姚崇上书唐玄宗痛斥其恶行，然后获得了皇帝的批准对王仙童严惩不贷。

　　此外，姚崇对于民生也十分重视。开元初年，黄河流域中下游的大部分地区暴发了历史上罕见的蝗虫灾害，蝗虫飞过庄稼地之时，遮天蔽日，让人触目惊心。蝗虫过后，整个田野寸草无存。姚崇深知蝗灾的危害，所以在上任之初，对蝗虫的作乱范围、为害方式、治理办法等都进行了广泛调查和研究。到了蝗灾爆发之时，姚崇亲自披挂上阵、指挥若定，采取以郡县为单位，集中消灭蝗虫，奖励有功劳的，惩罚有过错的，如此一来，蝗灾很快便被控制住，百姓对姚崇的爱民举动，无不赞不绝口。

　　在姚崇担任宰相的时期，唐玄宗不断推行奖励清廉、精简机构、惩治贪官、选贤任能、裁减冗员、爱护百姓等清廉政治。为"开元盛世"奠定了坚实的基础。姚崇因为其巨大的功勋被誉为"救时宰相"，与唐太宗时的房玄龄、杜如晦并称为唐朝的贤相。

　　开元九年（721年）九月初三，姚崇带着荣耀和疲惫，离开了人世，享年七十二岁。

大唐不差钱

　　唐玄宗统治前期，政治清明，经济空前繁荣，人口剧增，整个社会呈现一派昌盛富强的面貌，这就是历史上著名的"开元盛世"。

在古代，人口的多少决定着国家可支配的税收、粮食、力役、军队等标志国力强弱的标准的高低，是判断一个国家兴盛与否的最直接的标尺。而根据官方的户口统计，唐初全国仅38万户人口，而到了天宝十四载（755年）则猛增至8914709户，竟然翻了二十多倍。

《新唐书·食货志》中也用热情洋溢的笔触描写了开元盛世的盛景："是时海内富实，米斗之价钱十三，青、齐间斗才三钱。绢一匹钱二百。道路列肆，具酒食以待行人。店有驿驴，行千里不持尺兵。天下岁入之物，租钱二百余万缗，粟千九百八十余万斛，庸调绢七百四十万匹，绵百八十余万屯，布千三十五万余端。"商业是经济发展最为明显和直接的显示，而城市的兴起则是商业发展的必然结果。与大唐同一时期的，还有两个伟大而强盛的国家，一个是阿拉伯帝国，另一个则是欧洲的东罗马帝国。由于遥远路途和高山沙漠的阻隔，大唐帝国与东罗马帝国接触交流很少，文化、商业、风俗上的相互影响十分微弱。而毗邻的阿拉伯帝国及其以东的中亚诸国，则因地利之便与大唐的往来十分密切，其中表现最为明显的，便是民间的通商活动。

例如在由于海上交通便利而对外交流密切的沿海重镇广州，阿拉伯人在整个城市中随处可见，以阿拉伯人为主要人口的外国侨民，数量达到了二十万以上。他们大量聚居在城市中的某些地区，形成了一个个新兴社区，在这些阿拉伯人的聚居区中，到处是异国风情的阿拉伯式建筑。街道纵横、交通发达，世界各国居民都到这里来进行买卖交易，在八方来客的共同努力下，一千多年前的广州俨然成了一个国际化大都市。

当然，大唐的开放和包容并不仅仅体现在广州一城上，事实上，此时唐朝的对外贸易路线除了传统的由长安出发经甘肃、新疆向西的陆上丝绸之路外，还有经过南海、马六甲海峡、印度洋等地区的海上交通线。

商业的繁荣，促进了帝国经济大发展，上到达官贵人，下到平民百姓，都感受到商业带来的切实好处的同时，沿着两条国际贸易的路线，商业城市如雨后春笋般生机勃发地兴盛起来。

一千多年前的唐朝，沙州（今甘肃敦煌）、凉州（今甘肃武威）等地，在当时由于陆上丝绸之路的繁盛而成为客商云集、货流庞大的商业城市；而内河航运的港口如洪州（今江西南昌）、扬州（今江苏扬州）等则成为了唐朝内陆的经济重镇；位于沿海一带的交州、广州、福州、明州等城市，则直接受益于海上贸易的繁荣而发展成为当之无愧的海上贸易城市；在天府之国的蜀中地区，还产生了益州（今四川成都）这一重要的城市。

所谓"扬一益二"，顾名思义，就是说唐朝的城市，扬州数第一，而益州便当之无愧地数第二了。当然，这其中不乏夸张的成分，但也毫无疑问地表现了古代益州在中国城市中的重要地位。

益州之所以能够形成那么大的规模，与天府之国的富足有密切的关系，同时与它四通八达的交通线也息息相关，虽然入蜀的道路号称"难于上青天"，但是这往往指的是蜀中与中原的沟通困难。难以从两条丝绸之路的对外贸易中获益的益州，借助地利之便，通过与南方的近邻南诏国以及再向南的天竺（今印度）的商业贸易，也从中获得了很大的发展。加上虽然通往中原的陆路艰险，但长江水运十分便利，也极大地扩大了益州所能辐射的腹地。

当然，就整个唐王朝而言，真正能够影响世界的国际化大都市，还要数长安和洛阳。它们一个是唐王朝的都城，另一个则是陪都，无论从地缘、政治还是经济角度的原因，最终让这两座城市在整个世界上都占据着举足轻重的地位。作为当时世界上最强盛国家的政治、文化、商业中心，都城长安的繁荣和兴盛可想而知。在这里聚集了大量的人口，他们要么把持着全国的最高军事指挥权力，要么掌握着最高的行政权力，甚至一个平凡无奇的商人，都可能是富甲一方的大人物。

商业的开放一定伴随着文化的开放，在对待外国人的态度上，唐王朝充分显示了自己海纳百川、有容乃大的宽博气度。

西北之地也逐渐苏醒，以往的苦寒之地一改过去的萧瑟和残破，成就了当时举世无双的内陆大城市——凉州。自东汉末年之后，河西走廊地区便陷入了大分裂时代的泥沼，这些地区本来自然环境就不如东南沿海地区，更是古来兵家必争之地，如此一来二往，摧残不断，河西地区江河日下，汉代兴盛一时的丝绸之路也被割据势力所堵塞，不复昔日的繁荣。

从隋朝杨坚统一天下之后，中原与西域也就此恢复了交通，在河西走廊的广大地区，为了充分地发展农业，国家在该地兴建了许多水利设施用于灌溉和饮用，一个西北粮仓、赛江南的黄金地带就这样逐步形成了。在民间广泛的流传着一句谚语："古凉州，甲天下。"可见凉州之地富甲天下，真正实现了"稻米流脂粟米白，公私仓廪俱丰实"。

农业的兴盛，刺激了人口的增长，加上河西走廊重要的商贸地位，使这一地区快速成长起了一大批城市。而凉州则成为了西北地区仅次于长安的最大城市，在丝绸之路上"通一线于广漠，控五郡之咽喉"，是隋唐以来中国与西亚诸国甚至更遥远的国家进行经济文化交流的重要交汇中转站，其繁荣程度甚至超过了古城敦煌，呈现出"河西都会，襟带西蕃，葱右诸国，商旅往来，无有停绝"的盛况，而且也孕育了一批文采风流的先贤人物，是一座的文化名城。

农业的发达、商业的繁荣和城市的兴盛，极大地促进了手工业的发展，开元时期的手工业飞速发展至一个种类繁多、技术先进、规模庞大的新阶段。当时的手工业分为三类：官营手工业、私营手工业和家庭手工业。官营手工业为社会奉献质量优异的各类产品、私营手工业则注重产品的创新和技术的改进，而家庭手工业则产量最大，保证社会的需求。

手工业中的纺织业是最广泛和最必需的产业，其从业者遍布官营、私营、家庭的手工作坊，并且是国家重要的财政赋税来源。其产品主要为丝或麻制作的布、绢、绝、纱、绫、罗、锦、绮、缣、褐等纺织品，由于棉花尚未推广种植，因此棉布织品并不普及。

除了上述纺织品，组、绶、绦、绳、缨五大编织品和紃、线、弦、网四大线结品也是纺织业中的重要种类，细致的分工正标志着技术的提高。当时定州、益州、扬州都以织造特种花纹的绫锦闻名。

唐代纺织业的发达从唐人的服饰上便可窥见一斑。唐代女性时尚的主要潮流是：服装样式由遮蔽而趋暴露，花纹由简单趋于复杂，风格由简朴趋于奢华，体型由清秀而趋丰腴。服装的面料也是相当讲究：绸裙、罗裙、纱裙、金缕裙、银泥裙等，让人眼花缭乱。传说唐中宗之女安乐公主的裙子用了各种奇禽的毛织成，正看为一色，侧看为一色，日中为一色，影中为一色，而且裙上呈现出百鸟的形态，可谓旷世罕见的奇美奢绝，证明了唐朝织纤技艺的高超。

与人们生活息息相关的另一种手工业——制瓷业，在这一时期也得到了极大发展。唐朝主要出产的瓷器有青瓷、白瓷、黄瓷、褐瓷和黄、绿、白、赭、蓝五色交相辉映的唐三彩陶器。其中青瓷主要出产于越州窑和岳州窑，胎质细薄、釉色柔润、青莹可爱，被当时人称为"假玉"。而且当时的瓷窑不仅能烧制酒具、茶具、杯盘碗盏等形制简单的生活用具，还能烧制各类装饰品，甚至细腻生动的瓷人，体现了高超的制瓷技艺。

而唐朝最著名陶瓷制品"唐三彩"，在白地陶胎上，刷上无色釉，再用黄、绿、青三色加以装饰，多姿多彩、花团锦簇，可视为盛唐气象的一大写照。

此外，当时的造船业、冶铸业、编织业、漆器业、造纸业、制笔业等诸种手工业都得到了长足的发展，生产出了技艺精湛、品质上佳的产品，丰富了社会文化和人们的生活。

第二章

长恨悲歌，此恨绵绵无绝期

牛不能随便吹

天宝十四载（755年）十一月十五日，华清池里，唐玄宗和杨贵妃正"温泉水滑洗凝脂"。忽然快马来报：安禄山造反了！温柔乡里的唐玄宗这时才清醒过来，想起很多大臣对他的劝告，包括太子。但此时的李隆基处于没有思想准备的状态，安禄山的举动十足给华清池泼了一盆闷凉的水，李隆基的盛世也骤然地抽搐与痉挛。

事情发展到这个地步，除了李隆基政治生涯后半生的昏庸之外，安禄山的"韬光养晦"是他最终大胆向"干爹"出牌的资本。安禄山一生给两个人当过养子，先是张守珪，后是杨贵妃。前者让他有机会接近长安，后者则是给他的政治资本加上了裙带关系。正是这两个人让他有机会从普通军队的士兵，平步青云，最后拿下平卢、河东、范阳三镇节度使兼河北采访使等职位于一身。

安禄山的谄功是出了名的，在唐玄宗眼里，安禄山几次入朝都表现出他政治思想和实践行动上的"忠君爱国"。对这个听话又懂事的"义子"，唐玄宗怎会吝啬他的表扬和奖赏？

天宝六载（747年），安禄山升为御史大夫，他的妻子段氏被封为国夫人。皇帝还给安禄山在京师建立府第，让宦官监督工程，告诫他们说："要好好部署，安禄山的眼孔大，不要令他笑话我。"台观池沼的华丽超过了他的身份。皇帝登临勤政殿，御座的东间特设金鸡幛，中间放了一榻，给安禄山坐，来表示对他的恩宠。在集大唐的最高级恩宠于一身的同时，安禄山却处处装得愚昧无知，而暗中大行韬晦之计。天宝十四载十一月初九，安禄山以"奉密旨讨杨国忠"为名，召集了兵马十五万人，号称二十万，日夜兼程，以每天六十里的速度长驱南下中原。

安禄山发起兵来和胡旋舞一样，急速、快捷，但长安城的决策者被他之前一系列低调的动作忽悠了。那么安禄山这一个白手起家的普通人，如何敢对普天之下最强大国家的君主发出挑战呢？他又凭什么这样做呢？唐玄宗仔细思量了一番，首要原因恐怕还得从自己身上找。

唐朝设立了节度使这样一个武官的职位，即节制调度的军事长官，初设时负责管理调度军需的支度使，同时管理屯田的营田使，主要掌管军事、防御外敌，而没有管理州县民政的职责。后来渐渐地，节度使也开始过问民政。天宝（始于742年）后，又兼所在道监督州县之采访使，集军、民、财三政于一身。还常以一人兼统两至三镇，多者达四镇。威权之重，超过魏晋时期的持节都督，时称"节镇"。

到唐朝后期，节度使势力大大加强，已经到了独揽军政大权的地步。唐玄宗在边镇设十个节度使共拥兵四十九万，而中央禁军不过十二万人，典型的外重内轻，外实内空。节度使后来又兼管行政和财政，权力很大，逐渐发展成割据势力。如果在任命节度使的问题上没有仔细考量，节度使一旦起兵造反，后果不堪设想。唐室之崩溃，也可说即崩溃在此一制度上。

唐玄宗又想起自己整天过着纵情声色的生活，任由李林甫、杨国忠更替把持朝政，纲纪大乱。安禄山对朝廷的脉象把握得很到位，造反的阴谋日益炽盛。

另外，民族之间的矛盾，也是使安史之乱爆发的一个不可忽视的因素。隋唐以来，河北北部幽州一带杂居着许多契丹、奚人，唐太宗打败突厥以后，又迁徙许多突厥人在这一带居住。他们的习俗与汉人不同，又互相歧视，安禄山正是利用这点拉拢当时的少数民族上层,作为反唐的亲信。史称安禄山于天宝十三载一次提升奚和契丹族二千五百人任将军和中郎将。在他的收买下,当地少数民族竟把安禄山和史思明视为"二圣"。

唐玄宗前思后量,终于想明白了,但一切都已经晚了。天宝十四载(755年)十一月,安禄山已经在范阳起兵了,史称"范阳兵变"。叛军打的旗号便是奉了皇帝诏令,诛除杨国忠这个大奸臣。虽然这个旗号有一些牵强附会,但是他的这个旗号还是很有作用,至少很多不明真相的人会争相附和,因为在杨国忠掌权的这几年时间内,不仅树敌无数,更惹得民不聊生,百姓怨声载道,因此安禄山大旗一展,便有很多人望风景从。

第一招,安禄山便掌握了主动权,不得不承认,安禄山果然是个老奸巨猾之人。更为可怕的是,安禄山十分擅长用兵之道,他知道,兵者诡道也,既然自己发动了叛乱,就要出奇制胜。

所以安禄山首先让部下何千年、高邈率奚人出身的二十名骑兵先行出发,太原副留守兼太原尹杨光翙不知道安禄山已经谋反,遂派人开门迎接,何千年抓住时机,将杨光翙劫持而去。直到此时,太原守军才知道安禄山已经谋反,遂飞马将军情报告给长安得知。

谁也没有料到,安禄山就是要将这个军情借太原守军传给长安。后来才发现,安禄山劫持杨光翙,其实是声东击西之计。从幽州到长安,有两条路线可以到,一条为东线,经博陵、常山至陈留,然后西向东都洛阳,过潼关向长安。另一条经太原向长安,此为西线,也是当年李渊起兵反隋进入关中的老路。安禄山的主力并没有打算走太原这条线路,此番虚张声势,便可以让朝廷误以为安禄山会从此进军,如此便可以分散朝廷的注意力和防御力量。

太原发生的事很快传入了京城,可是唐玄宗根本不肯相信,也不愿相信,他固执地认为,这是忌妒安禄山的大臣们在诋毁陷害。过了几天战报传来以后,唐玄宗才真正相信这个"乖顺"的义子真的起兵造反了,于是赶快派人传召杨国忠入宫商议对策。然而杨国忠却信誓旦旦地说："今反者独禄山耳，将士皆不欲也。不过旬日，必传首诣行在。"唐玄宗听了此言甚觉有理，见此情景盼望玄宗早定平叛之策的大臣们纷纷瞠目结舌、哑口无言，唯有摇头苦笑而已。

不过毕竟叛乱已经发生，唐玄宗还是作了平叛安排，他派特进毕思琛到洛阳、金吾将军程千里到河东这些安禄山必经之路上的军事重地各招募数万人，稍微训练之后用以抗敌平叛。

不久，安西节度使封常清入朝觐见，见这位骁勇善战的猛将来了，唐玄宗忙问有何平叛方略献上，封常清是个武将，平常最好面子，爱说大话，于是他傲然说："今太平积久，故人望风惮贼。然事有逆顺，势有奇变，臣请走马诣东京，开府库，募骁勇，挑马棰渡河，计日取逆胡之首献阙下！"唐玄宗听了龙颜大悦，于是任命他为安禄山所辖的范阳、平卢两镇节度使，然后像封常清保证的那样数着日子等待安禄山的首级。

封常清是蒲州猗氏人，少年时期，封常清和自己的外祖父在一起生活。后来他的外祖父因为获罪而被流放到安西（治龟兹，今新疆维吾尔自治区库车）充军之时，封常清也跟着他的外祖父到了安西。

幸好封常清的外祖父到了安西之后，因为悍勇异常而做了胡城（今哈萨克斯坦奇姆肯特东）南门的守军。加上其外祖父还读过一些诗书，所以封常清小时候文武兼修，涉猎甚广。更加难能可贵的是，在封常清的心目中，始终存在着一个梦想，希望有朝一日能够从军，做一个名震天下的大将军。

后来封常清得到机缘投到了安西四镇节度使夫蒙灵督的帐下，但是封常清明白，自己在堂堂节度使的帐下只是芸芸众人中不起眼的尘埃。若想出人头地，就必须找到一个目前官职不高，手下人才不多，但有能力有前途的靠山，他看中了高仙芝。

此时，高仙芝尚是知兵马使，但是他很有才能，因此在军中混得很不错，每日出入都有三十多名随从跟随，每个人都穿得衣甲分明，十分精神体面。封常清看看自己身上的陈旧衣服，咬牙切齿地暗下决心：我也要穿新衣服！于是封常清向高仙芝投书一封，请求成为他的随从。

然而，封常清第一次毛遂自荐以惨败告终，原来封常清不仅身材瘦弱而且眼斜腿短，甚至跛脚。想高仙芝是何等样人，做他的随从连衣服都要穿得整齐得体，怎么会招这样形貌不佳之辈到自己身边呢？所以便断然拒绝了封常清的请求。

苏轼说：古之成大事者，非唯有超世之才，亦必有坚韧不拔之志。诚不我欺也，封常清便具有百折不挠的优良品质。在第一次失败过后，封常清没有丝毫气馁。不久之后，便送上了自己的第二封自荐信，不胜其烦的高仙芝只能怒道："吾奏傔已足，何烦复来！"封常清也不是吃素的，人在屋檐下，他却不一定要始终低着头，遂回答道："常清慕公高义，愿事鞭辔，所以无媒而前，何见拒之深乎？公若方圆取人，则士大夫所望；若以貌取人，恐失之子羽矣！"

见封常清谈吐不凡，高仙芝心中惊奇，但还是没有立即让封常清为自己效力。封常清更是厉害，他竟然从此死皮赖脸地留在了高仙芝府邸之内，数十日过去，依然不见有离开的迹象，见他如此诚心，高仙芝便允许封常清做了自己的随从。

尽管只是做随从，但是封常清在高仙芝身边不仅能够好吃好喝，每天穿得漂漂亮亮，而且还有不少立功的机会。尤其是在天宝初年达奚诸部的叛乱中，封常清所展现的军事才华和先见之明更是让高仙芝惊异不已。当时，唐玄宗紧急诏令夫蒙灵詧前去平叛，夫蒙灵詧接到诏令后，便让高仙芝派遣两千精锐骑兵前去抗敌，达奚诸部人困马乏，不是高仙芝的对手，所以战争最后以唐军的完胜告终。

封常清似乎早就料到了战争的胜负结果，所以在营帐之中早就写好了捷报，其中详细陈述了唐军"次舍井泉，遇贼形势，克获谋略"的过程，竟然和高仙芝的心中所想如出一辙，高仙芝见到，大为惊奇。遂让封常清"去奴袜带刀见"，提升了他在自己帐中的地位。大军归来，夫蒙灵詧设宴犒赏三军，判官刘眺、独孤峻便问高仙芝："前者捷书，谁之所作？副大使幕下何得有如此人。"高仙芝故作平常地说："即仙芝傔人封常清也。"自此，封常清一举成名，又因为作战勇猛、谋略高超，相继被擢升为镇将、果毅、折冲。

从军之初，封常清便树立了治军严格的典范，即使是自己最敬畏和最亲近的人，他都丝毫不留情面。天宝六载（747年），高仙芝率部击溃了依附于吐蕃的小勃律（在今克什米尔西北部）。朝廷感念其战功卓著，遂让高仙芝升任安西四镇节度使，封常清作为高仙芝的旧部，随之升任庆王府录事参军，充节度判官，赐紫金鱼袋，不久又加了朝散大夫，专门负责四镇的屯田、甲仗、仓库、支度、营田等事宜。高仙芝每每在外征战，封常清便作为留后使，为高仙芝坐镇后方。

高仙芝乳母的儿子郑德诠当时在高仙芝的帐下做郎将，因为从小便一起玩耍，加上乳母对自己的恩德，所以高仙芝一直把郑德诠当作自己的亲兄弟，一家相关大事都交到了郑德诠的手中，因此郑德诠在军中的威望也很高，很多人都不敢得罪他。

此时安西军队中，无人不知封常清的名号，对其甚为敬重。但是这个郑德诠认为封常清不过是自己兄弟高仙芝手下的随从出身，没什么了不起的，因此多少有些看不起他。封常清每次从外面回来，诸将纷纷退让行礼，只有郑德诠不以为意，大剌剌地快马自后面超过封常清扬长而去，留下呛人的漫天黄土给封常清。很削封常清的面子，也动摇封常清在军中的威望，他自然不能容忍这样的事，但是看在高仙芝的面子上，一直没有动郑德诠。

一次，高仙芝外出打仗，封常清留后坐镇，趁着高仙芝不在，封常清派人悄悄将郑德诠骗进节度使府中。节度使的府第进深很大，院落重重不知几许，郑德诠每过一重门，封常清的人就在后面把门关死，郑德诠渐渐开始感觉不太对劲了。

这时恰好到了封常清面前，他面前正摆着一桌酒席，握着酒杯不紧不慢地说："我是出身微贱相貌又不好，当初恳请大人收我为随从，大人两次都不答应，这事儿你是知道的。可是你看现如今大人征战在外,将一家老小、全军上下都交在我手上,这份信任、这份看重,你看不见吗?怎么敢再三对我无礼相欺!"然后变了脸色大喝一声:"郎将须暂死以肃军容!"

说时迟,那时快,郑德诠还没有反应过来,便被封常清的手下架住痛打了六十军棍,随即将之拖出。高仙芝的妻子和乳母闻讯,大惊失色,待到他们前来救援,才发现为时已晚,郑德诠已经魂归九霄了。高仙芝知道此事之后什么也没说,封常清也没有向他谢罪,不久以后封常清又下令杀掉了高仙芝帐下犯罪的两名大将,从此之后对于封常清此人"军中莫不股栗"。

天宝十载(751年),高仙芝任河西节度使(治凉州,今甘肃武威),封常清仍为其判官。后来王正见接替了高仙芝做了安西节度使,便奏请皇帝让封常清做了安西四镇支度营田副使、行军司马。

一年之后,王正见去世,唐玄宗便任命封常清为安西副大都护,摄御史中丞,持节充安西四镇节度、经略、支度、营田副大使,知节度事。自此,封常清的权力开始朝着顶峰迈进。

为了能够尽快获取军功,也为了帮助朝廷解决边患,封常清开始着手整顿军务。天宝十二载(753年),封常清率军进攻大勃律(位于今克什米尔地区),大军一路势如破竹,很快便取得了大胜。凯旋的封常清受到了唐玄宗的信任和倚重,并于次年召封常清入朝做了御史大夫,授一子为五品官,赏赐宅第。同时,封常清去世的父母也因之而获赠封爵。不久之后,封常清又代理入朝任职的程千里做了北庭都护、伊西节度使。

天宝十四载,封常清再次入朝,眼见国家沦落至此,不禁心怀感伤,忧思难忘。当安禄山叛乱的消息传到长安,确定之后,封常清便顺理成章地成为皇帝阻击敌人的最佳将领人选。

误信奸妄,自毁长城

封常清临危受命,很快便到达了洛阳,然后在十日内招募了六万兵众，不过其中大多为市井间的流氓混混。然后又下令截断河阳桥，在洛阳做好防御准备。同时，朝廷方面也作出了相应的举动，唐玄宗决定，在长安处死安禄山的儿子和儿媳，以此来让安禄山分心，同时也发泄一下自己心中的愤恨。

与此同时，唐玄宗还发出调令，让安思顺为户部尚书，令朔方右厢兵马使、九原太守郭子仪为朔方节度使，右羽林大将军王承业为太原尹，以协防中央。在叛军的军事要冲，都要设置一个防御使，全力对抗叛军。然后又任命荣王李琬为元帅，右金吾大将军高仙芝为副元帅领兵东征。

那么他们率领的是哪支军队呢？竟然和封常清一样，是用皇帝内库里的钱帛在十日内雇佣的一伙市井混混，大约十一万人，虽然起了个颇为威风的名字叫"天武军"，不过其战斗力到底有没有那么威武则可想而知了。天宝十四载十二月，高仙芝就带领着飞骑、骑、在京师的边兵和新招募的这一群乌合之众，共五万人从长安出发，到陕郡驻防，随大军开拔的还有唐玄宗派来监军的宦官边令诚。

然而这些措施并没有起到让安禄山望而却步的作用，儿子被处死，儿媳荣义郡主被赐自尽，使得安禄山更加地疯狂。不久，安禄山大军直接从洛阳黄河段的下游渡过了黄河，很快便临近陈留（今河南开封市陈留镇）。十二月，陈留沦陷，其守军数万人被俘虏，陈留为运河体系的主要港口之一，它的失守切断了朝廷的南方供应线。一不做二不休，为了报杀子之仇，安禄山屠杀了在陈留俘虏的全部军队。之后留下一部分军队留守，自己则亲自率领大军向东都洛阳前进。

安禄山的军队先攻克荥阳，由于承平日久，无论百姓还是士兵都太长时间未经战火的磨炼，守城的荥阳士兵听到城下如雷的鼓声竟然有一些腿脚发软坠下城头。可想而知，荥阳城很快就被攻破了，然后安禄山以手下将领田承嗣、安忠志、张孝忠为前锋，进攻东都洛阳。

守在洛阳的是封常清仓促之间招募的乌合之众，还没来得及训练就被派到武牢关抗敌，于是很快被安禄山派来的骑兵打得大败。封常清收拾残部又在葵园、上东门内两次与叛军接战，仍然两次落败。天宝十四载十二月十二日，洛阳的外层防御被撕开，叛军如潮水般从洛阳的四个城门涌入，烧杀抢掠无所不为，封常清又率部与叛军展开巷战，仍然失败，只好带着残部从被毁坏的城墙缺口逃走。

仓皇败退的封常清率领一众残军败将向陕郡败退，当时陕郡太守窦廷芝已经放弃了自己的职守逃往河东，治下的官吏和百姓也都四散奔逃，只有高仙芝和他的五万杂军驻守，陕郡形势岌岌可危。

从接连的惨败中逃得一命的封常清再见高仙芝，简直一言难尽、热泪盈眶，他赶紧扑过去警告高仙芝："常清连日血战，贼锋不可当！"然后又将自己血的教训告诉这位老上司："陕郡无险可守，而潼关则有险而无兵，如果叛军攻入潼关，那么长安就唾手可得，我们不如放弃陕郡，退守潼关去吧！"

高仙芝看看盔甲上溅满鲜血的封常清，再看看他手下士气萎靡、伤兵累累的军队，虽然不愿意不战而退，落得个怯战的罪名，但是他思考良久终于决定退守潼关！由于他们行军速度缓慢，竟然在半路上被叛军追了上来，于是只好狼狈而逃，也顾不上队伍先后了，士兵和马匹相互踩踏，平白折了不少人马。

到了潼关以后，安禄山见壁垒森严、防御严密、易守难攻，于是并未恋战，撤兵而还。回到洛阳休整军队，巩固战果，预备称帝，正因如此，叛军放缓了进攻的脚步，朝廷也由此得到了更多整军备战的时间。

天宝十五载（756年）春，安禄山在唐王朝一大批有声望的官员支持下，以洛阳为根基建立大燕朝，自称皇帝。自此建立起一整套中央王朝系统，军队士气大振。虽然安禄山当上了皇帝，但是战局仍然不容松懈，叛军从范阳一路打到洛阳只花了四十多天，而在当时就算只是从范阳走到洛阳，也要三十多天的时间。

推进过快必定遗留下重重隐患，虽然一路势如破竹，但是大军过后，河北各郡却纷纷起兵，开始反抗叛军。其中以唐朝大书法家颜真卿和他的哥哥颜杲卿最为著名,他们的反抗极大地干扰了叛军的进军计划,并且将一部分叛军力量拖在了敌后,削弱了叛军进攻的力量。而安禄山派往东南企图控制江淮地区,切断朝廷税赋来源的张通晤、杨朝宗部也遭遇了重重阻力,草草而还。加上在河东地区的朔方节度使郭子仪带领的朔方军也与叛军进行了殊死搏斗,并且取得了一系列重大胜利,打通了井陉关的通道,可以直接威胁叛军的后方,也使叛军无法集中力量全力西进。

这样看来,虽然安禄山在洛阳称帝,看似气势正盛,但实际上是被阻在潼关之外进退维谷,甚至生出了放弃洛阳退守范阳之心。因此不仅高仙芝、封常清二人看出了固守潼关的好处,大将郭子仪、李光弼等也上书朝廷建议固守潼关,不要轻率出战。正在双方将要进入僵持的时候,唐玄宗却做出了一件自毁长城的蠢事。

当初高仙芝率军从长安出发时,唐玄宗派宦官边令诚作为监军与他一同出发。事实上玄宗如此安排也有照顾高仙芝之意,因为高仙芝和边令诚是老相识了,在当初高仙芝立下大功的小勃律之战中,边令诚就是他的监军。打仗时,高仙芝还特意照顾边令诚,为他安排了比较安全的留守工作,因此二人关系还算不错。

但是与当时大多数宦官尤其是做监军的宦官一样,边令诚既贪婪又无耻,这次他又做高仙芝的监军,便毫不客气地向他提出很多私人要求,高仙芝不愿意营私舞弊,故此大多婉言拒绝。于是边令诚便怀恨在心,不管国家正处于危难之际,不管高仙芝对于平定叛乱多么重要,只想着要置高仙芝于死地。

于是他在向唐玄宗汇报的时候添油加醋地夸大高仙芝、封常清的大败之状,并且污蔑二人说:"常清以贼摇众,而仙芝弃陕地数百里,又盗减军士粮赐。"当初封常清在御前夸下海口要"计日取逆胡之首献阙下",然而与叛军接战之后屡战屡败,甚至丢失了东都洛阳,然后又临敌而退撤到潼关固守。远在长安的唐玄宗对此非常愤怒,他承平日久,又每日在深宫之中,根本接触不到外界的真实情况。他完全理解不了高仙芝与封常清是在对战争形势进行全盘考量之后，不惜自己的声名前途与身家性命才作出的这种选择，这样退可以拱卫京城长安，进可以遏制叛军进攻步伐，是当时形势下损失最小最保险的选择。他只认为高、封二人胆小怯战，竟然不战而放弃了潼关之外的大片土地，辜负了自己的信任。

因此，后来封常清将自己在战争中总结出的叛军形势和作战经验写成奏章，三次派人送到长安呈给玄宗，唐玄宗都不接不看。封常清心急如焚地赶往长安，他当初在长安时就听到朝中不少大臣认为安禄山造反作乱狂悖已极，用不了多久就会灭亡，因此十分轻敌。然而封常清到了前线才知道事实并非如此，因此急切地想要将这些前军将士们用生命换来的经验教训讲给玄宗，也希望向玄宗解释自己与高仙芝退守潼关的深意。然而封常清刚刚到达渭南，就有圣旨传来削去他的一切官职，命他退回高仙芝军中，不许再去长安。

边令诚既是唐玄宗所信任的宦官，又是亲自在前线目睹了一切，唐玄宗自然相信他的话，现在边令诚报告说高仙芝、封常清不仅作战不利，甚至滥用职权私扣军粮。唐玄宗再也压制不住自己的怒火，于是命边令诚到军中传旨，将高仙芝、封常清二人斩首。封常清默然良久，写了一封遗表请边令诚转呈皇上，其中泣血呐喊："臣死之后，望陛下不轻此贼，无忘臣言！"

封常清死后，高仙芝也被边令诚斩首，死前高呼："我遇敌而退，死则宜矣。今上戴天，下履地，谓我盗减粮赐则诬也！"一众兵将士卒也为高仙芝喊冤，然而一切都已无法挽回，大唐的两名平叛勇将就这样死在了谗言之下。

此刻，唐军只能依靠哥舒翰负责关中军队的守备事务和潼关的防务，也只有哥舒翰在实力和威望上堪与安禄山一战。只可惜此时的哥舒翰病重不起，军中无人可以替代他的位子，整日争吵不休，原本拟订收复洛阳的计划也只能宣告失败。

后来，唐玄宗惊闻潼关失守，叛军长驱直入，顿时感到长安不保，赶紧召集大臣商议对策，在杨国忠的建议下，唐玄宗决定退守四川。玄宗带着杨贵妃姊妹、皇妃、公主、皇子、皇孙、杨国忠、韦见素、魏方进、陈玄礼及亲近宦官、宫人出延秋门逃出长安。

被牺牲的女人

唐玄宗逃出长安，过了便桥之后，杨国忠便命令下属放火烧毁桥梁，希望以此来阻止叛军的追击。而唐玄宗却觉得，自己弃之不顾已经是大大的不仁不义，如今再断绝了官吏和百姓的逃生之道，何其残忍呢？于是，唐玄宗让宦官高力士带着随从，留下来灭火。

与此同时，唐玄宗还让另一个宦官王洛卿先行一步，告知沿途的郡县为自己安排好食宿事宜。很快，唐玄宗一行便到达了咸阳望贤宫，本来还准备到那里好吃好喝一顿，然后再好好休息一下，洗洗奔波劳碌的满身风尘。却没想到，当队伍到时，王洛卿和县令早已经不知去向，大概是大难临头各自飞了。

无奈，随行官员只能向当地百姓乞食，不过在名义上，还是为了皇帝接受供奉。只是玄宗有意，百姓却无心，一直到正午时分，唐玄宗依然是饿着肚子，只能拿着杨国忠买的胡饼充饥。

后来，一些百姓听说了皇帝蒙难的消息，便想来见见这个皇帝。见堂堂皇帝都沦落至此，善良的百姓不禁同情心大起，遂争相为他们献上自己家里的粮食麦豆，平时吃腻了山珍海味的皇孙们，此刻都变得饥不择食，直接用手抓着食物来吃，完了之后还感到肚中饥饿。玄宗命左右拿出带来的钱财付给百姓们作酬劳，百姓们见状，心中更是感伤，不由得眼泪便落了下来，惹得唐玄宗也掩面而泣。

负责禁宫伙食的官员为唐玄宗送来了御膳，玄宗并没有先吃，反而让那些官员先吃。随即便让军士们分散到村落中去寻找各种可以吃的食物，下午继续启程逃亡。到了半夜时分，队伍终于到了金城县，然而到了此地才发现，官员百姓竟然都逃走了，好在还留下了食物和器皿，于是唐玄宗一行便在驿站中休息，吃完饭以后也没找到油灯，大家摸着黑胡乱睡着了。

真是墙倒众人推、树倒猢狲散，见唐玄宗沦落至此，很多自长安跟随而来的随从纷纷逃走了，就连曾经表示为唐玄宗赴汤蹈火、在所不辞的内侍监袁思艺也不知去向。不过这一切，唐玄宗都顾不上了，他甚至怀疑，自己还能不能活着到达四川。在黑灯瞎火之中，大家不分彼此，挤在一团睡觉，也算得是患难见真情了。

然而噩耗很快便传来，从潼关归来的将领王思礼告诉唐玄宗，哥舒翰彻底失败了，连他自己也被安禄山擒获做了俘虏。唐玄宗只能任命王思礼为河西、陇右节度使，让他马上动身前去收合散卒，等待时机收复河山。

同时，唐玄宗继续朝着四川方向前进，六月十四日，终于到达了马嵬坡。关于马嵬坡地名的由来，要追溯到西晋时期，据说当时有一个名叫马嵬的人到此筑城，此地便得名马嵬坡，距离长安一百多里地。正是因为唐玄宗经过了这个地方，并且发生了一段凄惨迷离的故事，才让这个地名永远地铭刻在了历史的记忆之中。而在当时，马嵬坡不过是一个再普通不过的驿站。

吃了上顿儿没下顿儿、过了今天还不知道有没有明天的生活，让唐玄宗手下的将士们逐渐产生了抱怨情绪。禁军龙武大将军陈玄礼早在长安之时，便想要除去帝国的这个祸害，只可惜杨国忠权势熏天，陈玄礼的计划没有成功。现在杨国忠最大的靠山唐玄宗已经落魄不已，身边的禁军大都听陈玄礼的命令，他感到除去杨国忠的时机到了。

于是他通过东宫的宦官李辅国向太子传递消息说，祸国殃民，导致叛乱骤起的罪魁祸首是杨国忠，自己打算杀死他，请问太子的立场，太子知道以后犹豫了很久也难以决断。太子李亨一向怯懦怕事，之前屡遭李林甫的陷害已经使他成了惊弓之鸟，每次出事就休妻避祸，后来杨国忠也多次排挤打击他。他虽然也很想除掉杨国忠，但是他还想不明白，杨国忠以及自己的父亲还有多大的影响力，杀掉这个宠臣会不会惹怒父亲给自己带来灭顶之灾，所以一直不敢答复。

不回答也是一种表态，太子已经以此表示了自己的默许，只是以沉默来为迷茫的未来多做一份担保而已，这样一旦事情败露，他就可以再次将责任推到别人身上，将自己撇得干干净净。太子的态度成了杨国忠的催命符，事已至此，大家所需要的，不过是一个冠冕堂皇的理由。

在此次的逃跑队伍中，还有二十多名吐蕃使者，因为考虑到吐蕃实力强横，所以没有让他们死于乱军之中。然而此次随众入川，吐蕃使者饥肠辘辘，只能拦着杨国忠，要他为他们的吃喝想办法。

杨国忠还来不及答话，士兵中便有人大喊，声言杨国忠和吐蕃使者密谋，准备谋反。这话一传开，立马有人以实际行动响应，一个人弯弓搭箭，"嗖"的一声射了过去，恰好中了杨国忠的马鞍。慌不择路的杨国忠随即策马狂奔，士兵紧追不舍。刚到马嵬驿西门里，杨国忠便被赶来的士兵截住杀死，其头颅也被人挑了起来，到驿站门口示众。

为了斩草除根，太子和陈玄礼、李辅国等人又杀了杨国忠的儿子，即户部侍郎杨暄。此外，杨贵妃的姐姐秦国夫人、韩国夫人也相继被杀，御史大夫魏方见状赶快站出来大喝："汝曹何敢害宰相！"可是杀红了眼的士兵们怎么可能被一个文臣阻住，几下就打死了魏方。

韦见素听见驿站外吵吵嚷嚷，便出来问大家这是怎么回事，不管他是谁，乱军抓住韦见素就是一顿狂殴，韦见素生平第一次被人打得头破血流。幸好有人识得韦见素和杨国忠不是一伙的，大声喊着："勿伤韦相公！"韦见素才在混乱中捡回一条性命。

随着外面呐喊声不断，唐玄宗走了出来，竟然发现军队将整个驿馆都包围了起来。唐玄宗马上感到出大事了，遂问左右怎么回事，左右皆称，杨国忠和吐蕃国使者密谋造反，已经被将士们杀死了。

唐玄宗叹息一声，龙游浅底遭虾戏，跟了自己多年的心腹之臣自己此时竟无力保全，又想到跟着自己一路过来的杨贵妃还在里面不知道这个消息，她若是知道哥哥和姐妹统统被杀，不知会多伤心。只是自己落难，要活命都还得依靠将士们的支持，现在也只能顺着他们来了。唐玄宗拄着手杖走上前去，大力称赞了众位军士为国锄奸的壮举，然后命令他们收队撤离，孰料这些人根本不听使唤。玄宗无奈，只得让高力士去问问怎么样他们才愿意散开。

陈玄礼出面回答："国忠谋反，贵妃不宜供奉，愿陛下割恩正法。"唐玄宗闻言，心中十分不忍，到底是陪伴自己多年，而且是自己最为宠爱的女子，如今就这样处死她，自己实在是于心不忍。然而如今骑虎难下，不管杨贵妃如何的美貌动人、如何的善解人意、如何的洁身自好，如今玄宗自己的性命都在别人的掌握之中，还谈什么保全别人呢？

见唐玄宗依然犹疑不决，京兆府的司录韦谔立刻进谏："今众怒难犯，安危在晷刻，愿陛下速决！"唐玄宗闻言，心中伤感不已，面显为难之色。韦谔扑通跪了下来，力劝皇帝要当机立断，否则军心大乱，国将不国、君将不君。

虽然群臣和将士都给了唐玄宗巨大的压力，唐玄宗也知道今日之事很难善了，但仍然不死心地说："贵妃常居深宫，安知国忠反谋！"最后还是高力士说出了众将士的心里话，也绝了玄宗心里最后的一点希望："贵妃诚无罪，然将士已杀国忠，而贵妃在陛下左右，岂敢自安！愿陛下审思之，将士安，则陛下安矣。"今天一众将士非要杨贵妃的性命，不是在乎她有没有罪，而是因为他们已经杀死了杨国忠。事已至此，如果不杀杨贵妃，他日局势稳定下来，玄宗重新掌控所有人的生死，以杨贵妃的受宠，今日参加兵变之人谁还能有安稳日子过？所以他们今天铁了心要杀杨贵妃，无非是为了求得日后的安全而已，玄宗保证了他们日后的安全，他们才肯保证玄宗现在的安全。

唐玄宗经过一番深思熟虑，最终决定，只能弃车保帅，唯一的要求就是留杨贵妃一个全尸。杨贵妃得知了这个消息，并没有唐玄宗预料中的那样惊慌，仿佛一切都已经顺理成章，她平静地跟随高力士走上了佛堂，曾经的恩爱情缘，缠绵悱恻，曾经的回眸一笑，百媚顿生，都即将化作烟云过眼而去。这一天,杨贵妃被缢杀在佛堂之上,唐玄宗最钟爱的妃子死在了乱世之中。

杨贵妃死后,唐玄宗不得不忍住心痛,让陈玄礼等人进来验尸,让所有人彻底安心。陈玄礼检验已毕,确定杨贵妃是真正死了,这才解下盔甲,跪地请罪。唐玄宗自然知道,他们不过是做作一番,其实并没有将他这个皇帝放在眼里。却也只能虚与委蛇一番,安慰他们说大家非但无罪反而有功,到了四川之后,定然要为大家论功行赏。唐玄宗只能以此来安定军心,否则更大的乱事就在眼前。

这次事变便是历史上著名的马嵬坡之变,在《辞海》中解释"马嵬坡"时道:"唐安史之乱,玄宗从长安西奔成都,缢死杨贵妃于此。"可见正是出现了这个事件,这个再普通不过的驿站,才就此进入了史册。

第三章

乱世登基,走出战乱的艰辛之路

收复两京

天宝十五载(756年)七月十二日,太子李亨即位,是为肃宗。在灵武郡内,群臣百姓无不争相舞蹈以示庆贺,太子更是喜极而泣。为了彰显自己大孝的美德,太子即位为皇帝之时,立即宣布尊奉唐玄宗为上皇天帝,并且大赦天下,改天宝十五载为至德元载。

八月十二日,从遥远的朔方传来消息,肃宗僭越自立为皇帝。唐玄宗很释然,似乎这一切都是理所应当的事情。六天过后,唐玄宗让大臣们带着自己皇帝身份的象征物玉玺,前去朔方灵武,觐见这位新即位的皇帝。唐玄宗所开创的开元盛世和他一手所造成的天宝危局，随着他的退位而步入了一个新的阶段，玄宗朝到此正式结束了，从此唐玄宗真正地退出了历史舞台。

唐肃宗即位以后，将全部的精力都放在收复两京这个目标上。其实自从长安失陷之后，官军就一直在试图收复两京。天宝十五载秋到次年春天，官军首次开始尝试对叛军占领的长安发动进攻，只可惜都被叛军击退，而且遭受了巨大的损失。胜利之后的叛军开始了以洛阳和长安为中心的辐射性扩张，北方已经暂时落入了叛军的手中，眼下叛军将自己的战略重点放在了西方和南方。

而远在蜀中的唐玄宗则下令将仍属唐朝控制范围内的几个地区交到了自己的几个儿子手中。在皇帝无力控制全局的情况下，给予诸王化整为零、各自为战的自由，以期激起诸王的战意。此外，唐玄宗也希望能够通过这个策略，加上大家的忠心来维持皇朝的稳定。然而唐肃宗登基之后，这些各自拥兵出战，不听肃宗指挥的诸王们便成为了反叛者，遭到了来自官军的打击。

至德二年（757年），唐玄宗的另一个儿子、永王李璘根据唐玄宗的圣旨，被派到长江中游地区镇守，这是一个很有利的位置，兵多将广、粮草充足，李璘自信满满地认为，只要自己在坐拥这个鱼米之乡、天险之地起兵，就有可能取代私自登基称帝的太子李亨，继而领导大唐中兴。

李璘在反叛之后，迅速顺江而下夺取富饶的长江下游地区，企图通过这个举动，稳固后方，继而夺取天下。只可惜，李璘出师未捷身先死，他的大军刚刚与唐勤王军交锋，便败下阵来，李璘被俘虏后遭杀害。

就在叛军大肆扩张、李唐王朝内部不稳的危殆情势下，一个收复两京的机遇悄然到来。原来安禄山称帝之后，便常常居住在深宫之中，很少见将军和大臣的面，所有政事大多通过他的心腹大臣、中书侍郎严庄上奏。而安禄山最宠爱的妃子是段夫人，爱屋及乌，她的儿子安庆恩便成为他心目中太子的不二人选。安禄山的次子安庆绪听到了这个消息，心中惶恐不已。

严庄素来富有远见，又极其接近权力中心，很敏锐地嗅到了这洛阳城内将有大事发生的信号。一旦发生变乱，则自己很可能遭受不利，遂在私下面见了安庆绪，他对安庆绪神秘兮兮地说："事有不得已者，时不可失。"请他在关键时刻大义灭亲。长期以来，安庆绪便用心观察何人可用，渐渐将严庄收为己用。对于严庄的提议也表示赞同，并且让严庄为自己想想办法。

严庄又找到安禄山的贴身宦官李猪儿，安禄山自从起兵以来，身体情况十分不妙，性格也变得十分暴躁，时常随意责打甚至杀死身边伺候的仆人，弄得所有人都人心惶惶。甚至连严庄这样受到倚重的大臣有时候也免不了挨安禄山的打，李猪儿因为贴身伺候安禄山，因此挨打最多。现在严庄要筹划杀死安禄山，很自然地就找上了既有机会接近安禄山，又对安禄山怀有怨恨的李猪儿，严庄对李猪儿说："汝前后受挞，宁有数乎！不行大事，死无日矣！"李猪儿一想，如果不杀了安禄山，自己早晚有一天会被打死，还不如趁此机会先下手为强，于是便爽快地答应了。

至德二载（757年）正月初一，安禄山召集了群臣，准备商议对抗勤王军的事情，只是刚刚上朝，便感到身体不适，只能草草说了一些军事战略布置，就散朝了。

入夜以后，安庆绪便和严庄一起手持兵器在安禄山的大帐外面把守，李猪儿拿着一把刀溜进帐中，狠狠地砍向了安禄山的腹部。安禄山顿感一阵刺痛，赶快去摸自己一向放在枕头旁边的宝刀，然而一摸之下竟然摸了个空，知道必然是早已被人偷偷挪走了，于是大怒地摇晃着帐篷的支柱大喝："必家贼也。"然而如何愤怒也无济于事了，安禄山帐外的卫士早就被安庆绪的人控制了，他的最后一声呼救渐渐淹没在夜色之中，待得血液流尽，这个叱咤风云的枭雄就此梦断黄泉。

安庆绪在杀死父亲之后，草草地将尸体就地埋在了床下，然后秘不发丧。之后才由严庄出面宣布安禄山已死，遗诏立晋王安庆绪为太子，并且立刻登基，然后才为安禄山发丧。由于安庆绪生性怯懦，又没有什么才能，严庄唯恐他不能服众，因此让他像安禄山一样住在深宫之中不见大臣。安庆绪乐得每日寻欢作乐，将一众朝廷大事全部交给严庄处置，并加封他为御史大夫、冯翊王，还厚赏了他的亲信手下以取悦严庄。

安庆绪和严庄在稳定洛阳之后，并没有进一步采取措施，对于长安也无心经营，似乎渐生懒惰。安庆绪开始将政治中心放在自己幽州的老巢，甚至开始觉得，洛阳也不再适合他当作一个帝国的权力中心。而另外，洛阳虽然暂时稳定了下来，却忽视了远在河北的巨大威胁。尤其是史思明，实力强劲，并不服从安庆绪的管制，他的眼睛，一直盯着洛阳的最高位置。

在这种情况下，唐军收复长安和洛阳的时机宣告成熟。至德二载八月，唐肃宗感到自己兵少将少，实力弱小，遂召集李光弼和郭子仪来和自己会合。二人带着五万多人马经过千里跋涉，终于到达了皇帝的行宫所在。顿时，灵武地区军威大振，人民心中也开始燃起了希望，平定叛乱、复兴大唐也就不再是一句空话。唐肃宗很快任命郭子仪为兵部尚书、同中书门下平章事，同时还兼任灵州大都督府长史、朔方军节度使。

宰相房琯率先请求带领军队一万人马，去收复京都。见房琯主动请缨，唐肃宗很欣慰地同意了。只可惜，房琯虽然忠心可嘉，却无甚谋略，当房琯的军队开到了陈涛斜之时，还没有明白过来怎么回事，便中了伏击，被贼军打得大败亏输，所带的一万人马损失殆尽。攻取长安的大计也就暂时告一段落，此时，唐肃宗只能全力仰仗郭子仪和李光弼所带来的大军了。

此时郭子仪认为承平日久、武备蒙尘，导致大唐没有足够战斗力强悍的军队，只能仓促召集一群乌合之众来抵御叛军是战争初期屡战屡败、丧失大片土地的重要原因。因此如果要收复两京，空有几位有勇有谋的大将并不够，必须有一支精锐的军队才行，于是便向唐肃宗建议向军事力量比较强的回纥借兵，唐肃宗答应了。

于是不久以后，回纥的怀仁可汗就派他的儿子叶护和将军帝德等人率领四千精兵来到凤翔，与唐肃宗谈判借兵事宜。求胜心切的唐肃宗对回纥使者许以重利："克城之日，土地、士庶归唐，金帛、女子皆归回纥。"回纥见自己能够获取如此大的好处，便答应了借兵之事。

至德二载九月十二日，天下兵马元帅、广平王李俶率领着战斗经验丰富的朔方等镇军队和从回纥、西域借来的精兵共十五万，从凤翔出发，向长安挺进。为了拉拢回纥方面，广平王李俶还与叶护结为兄弟，回纥军队到了扶风郡，郭子仪还大宴三天以为招待。看到唐朝方面如此有诚意，叶护高兴地说："国家有急，远来相助，何以食为！"

九月二十七日，各路大军在长安城西郊会合，列阵于香积寺北澧水之东，郭子仪率大军居中，李嗣业部、王思礼部分别为前军和后军，而叛军方面也在北边布置了十万大军。交战之初，官军被叛军冲了阵脚，略有落败的迹象，前军大将李嗣业一看不好，立刻脱掉上衣，手执长刀，立于阵前大喝一声："今日不以身饵贼，军无孑遗矣！"由于李嗣业过于神勇，以一人之力竟然砍杀了数十敌军，叛军士兵被吓呆了，于是官军得以喘息，稍稍稳住了阵脚。

正在李嗣业身先士卒，率领部下排成人墙、高举长刀缓缓前进，杀得敌军望风披靡之时，叛军埋伏在东侧的精锐骑兵突然偷袭官军的后方。在此危急时刻，朔方左厢兵马使仆固怀恩率领回纥骑兵迎面而上，将偷袭的叛军杀了个片甲不留。就这样，官军与叛军交战近八个小时，斩首六万级，坠入壕沟而死者无数。残余的叛军终于支持不住，败退入城中。

见此情状，官军在城外扎下营来，第二天，叛军守将安守忠、李归仁、张通儒、田乾真等全部弃城而逃。官军避免了残酷的巷战带来的无谓损失，兵不血刃地进入了长安城。

回纥王子叶护见收复了长安城，便提出要按照事先的约定抢掠长安，广平王李俶当然不能任由自己的胜利果实被回纥破坏，更担心一旦放任回纥军队抢掠百姓，消息传到洛阳，那么必然激起洛阳百姓的守城之心，洛阳也就再难攻克了，于是李俶一咬牙，跪在叶护的马前乞求道："今始得西京，若遽俘掠，则东京之人皆为贼固守，不可复取矣，愿至东京乃如约。"

叶护见状大惊，他一向称呼李俶为大哥，十分尊重，怎么能让大哥跪拜自己呢？于是立刻跳下马来回礼，并且按照回纥的礼节捧着李俶的脚说："当为殿下径往东京！"然后率领部下退出长安城，在浐水之东扎营。李俶此举为自己赚取了大把人心，长安的百姓、士兵们都感激地说："广平王真华夷之主！"连唐肃宗听说之后也感慨说："朕不及也！"李俶在长安整军三日，然后将太子少傅虢王巨任命为西京留守，自己带领大军向东而去，准备收复洛阳。

长安守将张通儒等人收拾残部逃到陕郡固守，同时安庆绪又派御史大夫严庄率领洛阳军队前来支援，两处合军大约有步兵、骑兵约十五万人。郭子仪部在新店与叛军遭遇，一开始被叛军打得很狼狈，幸好回纥骑兵及时赶到，偷袭了叛军的后方。叛军听到响亮的弓箭声，惊恐地大呼："回纥至矣！"听见的叛军闻风丧胆，顿时溃不成军。官军趁此机会与回纥军队两面夹击，将叛军打得大败。

在新店战败的叛军已经是洛阳城附近所有的军队了，失去了这些部队，洛阳城几乎就成了不设防的城市。于是严庄连夜逃回洛阳报告新店大败的消息，安庆绪大惊失色，只得趁官军没来之前带人逃出了洛阳，顺便还将之前俘虏的唐朝大将哥舒翰、程千里等三十余人统统杀光，然后向河北逃去。

十月十八日，广平王李俶率军进入洛阳。这次他再也没有理由阻止回纥兵的抢掠了，洛阳的百姓挨家挨户搜集了罗锦万匹献给回纥兵，回纥兵这才收刀。

作为唐朝的两京，长安和洛阳的收复极大地鼓舞了大唐军民的士气，在战火流离中挣扎了两年多的百姓们终于看到了安定的曙光，大唐王朝也看到了重新统一天下的希望。

这个句号不很圆

继承了安禄山遗留下来的力量，史思明的势力一时间迅速膨胀，足以与大唐朝廷分庭抗礼，并且在之后的三年中始终保持着优势。史思明的叛军积极进攻，而唐朝官军被迫防御，甚至屡立战功的天下兵马副元帅郭子仪也因受到宦官鱼朝恩的排挤而去职。史思明意图"夺回"长安和洛阳，开辟比安禄山更恢宏的局面，然而没有料到，他不仅拥有了安禄山留下的一切，也步上了安禄山的后尘。

与安禄山相似，史思明晚年也多疑残忍，动辄杀人甚至灭人九族，使得身边的大臣、随从人人自危。同时他又犯了另一个与安禄山相似的错误，史思明的长子史朝义为人谦和恭谨，而且多年来一直跟随史思明南征北战，又非常爱护士兵，因此在军中威望很高。然而史思明却不喜欢这个大儿子，反而十分宠爱他的小儿子史朝清，总想杀了史朝义，将小儿子立为太子。

有一次史朝义随史思明在外征战，晚上史思明住在鹿桥驿，由他的心腹曹将军带兵守卫，而史朝义和部下住在客栈里，他的部将骆悦、蔡文景趁机对史朝义说："悦等与王，死无日矣！自古有废立，请召曹将军谋之。"于是史朝义便派人将曹将军请来商议大事，曹将军见大部分将领都十分怨恨史思明，于是不敢拒绝，唯恐会惹祸上身。

当夜，骆悦等人带领史朝义部下三百士兵来到鹿桥驿，卫兵们看到负责护卫史思明的曹将军也在其中，便没有阻拦。骆悦带领众人冲入驿馆，史思明正在如厕，还没反应过来发生了什么事，身边已有数人被杀。见此惨状史思明回过神来，赶快跳墙跑到马厩里，准备骑马逃脱，这时一支冷箭飞来，正中史思明手臂，史思明当即痛得掉下马来，就此被擒。

由于担心史思明一日不死，史朝义的地位一日就不安稳，于是骆悦做主缢杀了史思明，用毛毡裹了放在骆驼背上运回洛阳。史思明死后，史朝义登基为帝，改元显圣，为了斩草除根、解决后患，史朝义派人秘密到范阳传令散骑常侍张通儒等人将史朝清及其母亲辛皇后和数十名不服从自己的人全部处死。这一行为在范阳城中引起了轩然大波，各方势力互相攻击，乱局过了几个月才慢慢平定。

宝应元年（762年）三月，唐肃宗去世，太子李豫也就是原先的广平王李俶继承皇位成为了帝国的最高统治者，即唐代宗。唐代宗登基之后，为了收揽人心，大肆封赏朝臣之中拥护自己的人，使得朝局渐趋稳定。同时唐代宗还宣布大赦天下，对于叛将回归者一律宽大为怀，这对叛乱者的军心产生了极大的动摇作用。

十一月，唐朝官军在回纥大军的帮助下，与史朝义的叛军在洛阳城外进行决战，叛军几乎全军覆没，洛阳重新回到了唐王朝的手中。同时，洛阳又一次遭受了官军和回纥军的联合洗劫。经过这场大战，史朝义的叛军不仅在军力上开始处于劣势。在河北的那些手握重兵的叛军军事将领也认为，史朝义时日无多、大势已去。

宝应二年（763年）春天，史朝义的大将，也是史思明的旧部田承嗣献莫州投降，还将史朝义的母亲及妻子一起献给了唐军。史朝义仓皇带人逃往范阳，谁知部下李怀仙也投降了唐军，并献出了范阳。走投无路的史朝义无奈之下只能自缢而死，他的部下很多人投降了唐军。就这样，持续了多年的安史之乱以史朝义之死戛然而止，没有慷慨激昂的京城保卫战，没有轰轰烈烈的最后大决战，这场叛乱就似驮着重物蹒跚行走了多年的骆驼，在最后一根稻草下轰然倒地。

漫长的安史之乱虽然结束了，但是它犹如一道永世之伤在大唐的肌肤上划下了一道难以磨灭的疤痕，从此以后大唐发生了翻天覆地的变化，也为之后百余年的政治经济军事的变化和逐渐凸显出来的痼疾推波助澜。

第四卷
夕阳西下，无可挽回的衰败

第一章

昙花一现，再建盛世的努力

搬起石头砸自己的脚

大历十四年（779年）五月，唐代宗李豫因病薨逝于长安宫中，时年五十八岁。代宗死后，皇太子李适遵遗旨在父亲的灵前即位，次年改元建中，这便是唐朝历史上第十位皇帝——唐德宗（除殇皇帝李重茂外）。

德宗李适于天宝元年（742年）四月十九日生于长安的大内宫中，是唐代宗的长子，唐肃宗的长孙。天宝年间的唐朝正处在鼎盛的局面之中，可谓"鲜花着锦，烈火烹油"，幼年的李适作为帝国的皇子更是享尽了这盛世繁华。但物极必反，经历了极度的奢华过后，唐朝终于迎来了一场亘古少见大灾难，那就是安禄山和史思明在天宝十四载发动的叛乱。那一年，李适才只有十四岁。

"渔阳鼙鼓动地来"，这场叛乱随着时间的发展变得越发不可收拾。到了天宝十五载，唐玄宗眼见局势不能控制，不得已只得带着皇室成员们从长安逃亡四川，而年幼的李适就在其中。李适在帝国的盛衰之中度过了自己的童年和少年，饱尝战火和家国之痛的他比其他的皇帝更能体会民生之苦。

广德二年（764年）正月，李适以皇长子身份被立为皇太子。李适这个太子之位虽然来得顺利，但也并非名不副实。早在唐代宗即位之初，他就封李适为天下兵马元帅，率军前去征讨安禄山和史思明的叛军残部。李适此时虽然经验尚浅，但还是没有辜负父皇的重托，顺利完成了任务。叛军平定之后，李适官封尚书令，并和郭子仪等人图入凌烟阁，成为大唐帝国的万世功臣之一，可见李适本人在行军打仗方面还是有一定的能力的。

刚刚即位的唐德宗还在服丧期间就迎来了一次"考验"，也正是因为这次的事件使他收获了他在位期间内的第一位新宰相——崔祐甫。这件事的起因很简单，代宗死之前在遗诏有"天下吏人，三日释服"的要求，意思是说臣子们在他驾崩之后，为了不耽误国家大事的处理，只需为他服丧三日即可。但宰相常衮认为臣子们为表对先帝仁爱的感激，也应该像皇子们一样服丧二十七天。不仅如此，他还以身作则，在灵前不时放声大哭，让其他的人进退两难，不知如何是好。

不管是出于什么原因，常衮如此怀念和尊敬代宗本是无可厚非的，但如果所有的大臣都像他一样，未免会影响国事的处理，更何况他的这些做法在别人眼中未免有些矫情和做作。为了这件事，当时的中书舍人崔祐甫就和他发生了争执，于是举朝上下就臣下们的"丧服期限"展开了讨论。

朝会上，常衮坚持自己的看法，他认为当初汉文帝将臣子服丧三年的古制改为三十六日，那是为了从权变通。虽然从本朝开始，臣下只需为君主服丧二十七天。当年玄宗、肃宗也在遗诏中说臣下"三日释服"，但当时的臣子们也是二十七天之后才除去丧服。正因如此，代宗朝的臣子们也应照例为先帝服丧二十七日。

虽然常衮振振有词，但崔祐甫也有自己的看法，他认为先帝在遗诏中说，"天下吏人，三日释服"，因此应该尊崇先帝的遗志，三天之后除服。常衮和崔祐甫二人一人出于"情"，一人出于"礼"，双方你来我往，闹得不可开交。常衮见崔祐甫态度强硬，丝毫没有退让之意，便率先将这件事告知了德宗，他说崔祐甫轻易改变礼法，有悖为臣之道，希望德宗下旨把他贬为潮州刺史。唐德宗听了常衮的奏报后非常震惊，但崔祐甫所说也是为国事考虑，不无道理。

那么身为一朝宰相的常衮为什么偏偏和一个小小的中书舍人过不去呢？原来他二人早在代宗朝便有过节。常衮此人虽然刚正，但喜欢擅用职权；虽为宰相，却喜欢斤斤计较。崔祐甫刚任中书舍人的时候，常衮就经常利用宰相的权势来干涉他的工作。

崔祐甫是个不畏权势的人，对于常衮的做法更是不以为然。为了刁难崔祐甫，常衮让他管理吏部选官的事宜，但对于他每次上报的人选，常衮不仅不予赞同还经常斥责崔祐甫，说他选人不当。又有一次，幽州节度使朱泚的手下赵贵的家中发生了一件奇怪的事，"猫鼠同乳而不相为害"。猫和老鼠本来是水火不容的天敌，又怎么会相处甚恰呢？且不管这件事是真是假，朱泚也是深以为罕，便将这件事作为一件祥瑞之事上表了朝廷。

闻得出现祥瑞，初为君主的唐代宗自然也是十分欣喜。常衮见龙心大悦，便率领百官向天子祝贺。此时，崔祐甫又"独树一帜"，他认为"猫鼠同乳"是违反常理的，是不祥之兆，根本不值得庆贺。不仅如此，他还向皇上上书道，"须申命宪司，察听贪吏，诫诸边境，无失儆巡"。崔祐甫的说法得到了代宗皇帝的认可，这无疑就是对常衮的一个巨大的讽刺。因为这件事，常衮对崔祐甫的偏见和恨意越发地加深了。

常衮和崔祐甫之间的瓜葛唐德宗显然是不知情的，但对于一个刚登基不久的帝王来说，如何处理眼前的这件事可以说是对他的一个"考验"。此事一旦处理不好，不仅会使忠良的臣子受到冤屈，更严重的是会影响君王在臣下们心中的形象。经过多番考虑，唐德宗采取了一个折中的办法，他并没有听取常衮的意见将崔祐甫贬为潮州刺史，而下旨将崔祐甫降职为河南少尹，以此作为他"轻论礼制"的惩罚。

常衮的做法本来就有很多人看不过去，只不过是崔祐甫率先站了出来。如今常衮又添油加醋地向皇帝告状，这更是引起了很多大臣的不满。再加之崔祐甫为人刚正，在朝中上下很有口碑，所以降职的诏书一下发，就引起了朝臣们的议论。就在德宗左右为难的时候，一封奏疏使这件事情发生了转机。

原来此时朝中虽是常衮主政，但依据唐朝三省共同审理政事的原则，朝中还有两位宰相，那就是德高望重的汾阳王郭子仪和大将军朱泚。这二人虽然不太干预朝政，但遇事时奏章还是需要三人联合署名方能上奏君主。因为当时常衮是在政事堂处理事务，所以都是由他代郭子仪和朱泚署名，但此次弹劾崔祐甫之事，常衮并没有知会郭、朱二人，只是为了意气之争擅作主张。所以贬斥崔祐甫的诏书下发之后，郭子仪和朱泚便联名上书力保崔祐甫无罪。

看着郭子仪和朱泚的奏疏，唐德宗一头雾水。他召来二人说道："卿等早先说崔祐甫有罪，现在又言其无罪，这到底是为什么？"郭、朱二人对皇帝说当初常衮弹劾崔祐甫之事，他二人并不知情。德宗听后大怒，如此一来，常衮不仅是欺君罔上，独断专行，而且利用职权之便诬告同僚，罪不可恕。德宗大怒之后，局势一时天翻地覆，宰相常衮在众目睽睽之下被贬斥到潮州，而崔祐甫则被调回长安担任门下侍郎、同平章事，职同宰相。

崔祐甫一朝之内位极人臣固然让人羡慕，但"伴君如伴虎"的道理也是众人皆知，一着不慎，谁知明日又是什么下场呢？在回京途中的崔祐甫陷入了深深的忧虑之中，他本来就是个刚正不屈的人，更不会为了权势取悦主上，一旦入朝为相，以他的性格势必引发很多争端。

唐德宗在少年时期经历的苦难使他立志做一个有所作为的君王，而此时他新君登位，信心满满，精力尤其充沛，再加上他对国家政事充满了抱负和激情，正是他大展拳脚的时候。于是在崔祐甫进京之后，唐德宗便马不停蹄地召见了他，向他询问治国良方。崔祐甫毕竟是两朝的臣子，对于代宗时期的种种弊端更是深有体会。面对唐德宗的询问，他从容地答道："陛下君临天下，首先应该将前朝的旧弊一一革除，只有开创新风才能有治世的指望。"

崔祐甫此言正中唐德宗下怀，便问他对于"革除旧弊，开创新风"有什么具体的计策。崔祐甫答道："皇上首先要做的是广开才路，选拔有才能之人。因为只有人才充裕,国家才能兴旺。前朝常衮为相之时,为了防止天下人贿赂官员的弊病,所以规定非登科第者不得进用,这是因噎废食,因小失大。"

唐德宗又问他道:"朕近来罢除了梨园和宫廷乐工三百余人,并下旨免除了四方对皇宫的进献,不知天下反应如何呢?"崔祐甫答道:"陛下此举可谓是民心大悦,如今朝野内外,俨然耳目一新。尤其是陛下下旨免除四方贡献一事,臣在入京途中,就听过往行人说过。听说现在河北各藩镇的士兵都感叹陛下是明主出世,不敢再有反意了。"

听了崔祐甫的禀报,唐德宗大喜过望。在他的心中,重振帝国雄风的决心又进一步加强了。在唐德宗君臣的携手努力下,大唐王朝就将迎来翻天覆地的变化。

一年两次,轻松交税

公元780年是唐德宗即位后的第二年,按照惯例,德宗将年号改为"建中",新的年号意味着一个新的时代即将到来。也是在这一年,唐朝廷完成了这四五年来的一件大事,就是开始推行新的财政政策——"两税法"。

自唐高祖李渊建国以来,唐朝沿袭的是北周和隋朝的土地制度,即所谓的均田制。均田制创始于北魏孝文帝太和年间,一直为后代沿用。按唐朝均田制的规定:"凡男女始生为黄,四岁为小,十六为中,二十有一为丁,六十为老。每一岁一造计账,三年一造户籍。县以籍成于州,州成于省,户部总而领焉。"从上述记载来看,唐朝的均田制也是以人口为基础,将男子分为"黄""小""中""丁""老"五个等级,以此来授予田地。例如"丁男、中男以一顷;老男笃疾废疾以四十亩,寡妻妾以三十亩,若为户者则减丁之半",而寡妇和残障者只可授予三十亩等。不仅如此,唐朝的均田制还放宽了对土地买卖的限制,还鼓励百姓开垦荒地。

为了和均田制配合,唐朝施行的税制是租庸调制。唐代"凡赋役之制有四：一曰租，二曰调，三曰役，四曰杂徭"，而"租庸调之制，以人丁为本"，根据租庸调制的规定，唐朝的百姓是按人口数来缴纳赋税和承担徭役的。均田制和租庸调制配合施行，不仅保证了百姓的日常生产，也使国家的税收有了充分的保障。不仅如此，经过唐朝历代皇帝的改革和完善，均田制和租庸调制到了唐代中期已经相对完备，对唐朝的经济发展有着不可忽视的作用。那么既然均田制和租庸调制有这么多的好处，杨炎又为什么要改变它而推行"两税法"呢？

均田制和租庸调制虽然于国于民有益，但仔细分析其内容，不难看出，这其中是存在着很多弊端的。例如均田制就有这样的规定，"凡道士给田三十亩，女冠二十亩，僧尼亦如之"。不仅如此，对于官僚贵族，均田制也规定了他们的特权，例如亲王可授予田地一百顷，职事官正一品可授予六十顷，郡王及职事官从一品可授予五十顷，国公及职事官二品可授予四十顷等。

这样的规定就给官僚贵族阶级以各种手段占用土地提供了可能，起初这种现象还不是十分明显，但随着时间的发展，官僚经济和寺院经济等发展起来，土地私有化的现象日益严重了。土地兼并的出现使众多百姓在地主豪强的势力下丢失了自己的土地，不得不逃亡他乡。根据敦煌出土文物的记载，唐朝时期百姓的授田数往往是不足的，而这些土地就以各种各样的方式转归到了地主豪强们的名下。

官僚贵族们不仅可以无偿地占有土地，而且有特权可以不必向朝廷缴纳赋税。长此以往，缴税和服役的人越来越少，国库的收入也急剧下降。国库的入不敷出，最终受害的只有百姓，并不会对贵族们产生任何冲击。但如此恶性循环，均田制就变得名不副实。而且因为赋税不能按时按量地收缴，朝廷官员们就想尽办法向百姓们收取各种苛捐杂税，以致"所在赋敛，迫趣取办，无复常准，赋敛之司增数而莫相统摄，各随意增科，自立色目，新故相仍，不知纪极"。而在"安史之乱"后，这种现象就更为严重，根本不能控制，百姓们可以说是苦不堪言，社会矛盾也在急剧地激化。面对这种情况，杨炎开始推行"两税法"，目的就是改革已经不合时宜的租庸调制。

建中元年（公元780年）正月，唐德宗在杨炎的建议下开始推行"两税法"。根据"两税法"的规定，原来的户籍全部取消，而按百姓的实际居住地点来登记其户籍。不仅如此，每户所要承担的赋税也不再按照人口数，而是按照家庭的实际财产来划分，改变了原来按照年龄来承担赋税的规定。新的基础建立之后，杨炎还对朝廷的收税方式作出了改革。

在新的制度下，朝廷在每年的开始都要根据国家的财政收支来计算出一年所需的财政金额，其后再根据这个金额来分派赋税。这种"量出为入"的方法不仅使财政能够得到合理的运用，还在很大程度上遏制了各地随意收取苛捐杂税的现象，百姓的负担也得到了减轻。至于所有税收中最为重要的土地税的收取，则是根据全国百姓在代宗大历十四年所登记的土地所有情况为标准。

两税法是根据现实经济状况而制定的，它较为实际，适应了经济变动的形势。它使国家扩大了税源，扩大了纳税对象，从而极大地改善了国家财政拮据的窘况。它也减少了无地者的赋税负担，同时取消了名目繁多的苛捐杂税，抑制了贪官污吏的横征暴敛，使民众稍稍得以安居乐业。

的确，"两税法"的推行彻底改变了原来以人口为基础的赋税制度，按照土地和财产来收税较之以前更为公开和公平，也确实给当时的经济发展起到了很大的作用，更改善了之前较为混乱的财政状况。

然而事实总是和愿望有一定差距的，从各地的地主和官僚贵族来看，"两税法"的实施无疑大大损害了他们的利益。为了逃脱缴纳赋税的责任，他们想尽一切办法来隐瞒自己名下的土地。至于朝廷方面，唐德宗虽然采纳了杨炎的"两税法"，但在施行的同时，为了保证自己和宫廷的用度，他又颁行了茶税和间架税等苛捐杂税，这些税收很大程度上抵消了两税法带来了正面效果，反而给百姓们增加了不少的负担。但不管怎么说，"两税法"推行还是相当成功的，它的出现也是历史发展的必然趋势，而它的推行则象征着唐朝的财政改革向前推进了一大步。

第二章
元和中兴，朝廷对藩镇的短暂胜利

第三天子

唐宪宗自幼聪慧过人，加之又是皇长孙，所以深得祖父唐德宗的喜爱。他六七岁的时候，德宗将他抱在膝上玩耍，问他道："你是谁家的孩子，怎么在我的怀中呢？"年幼的宪宗答道："我是第三天子。"如此巧妙的回答居然出于一个幼童之口，自此之后，德宗对这个孩子更加看重。从这个故事中不仅可以看到宪宗自幼时就表现出来的聪颖，也可以看出，在这个小小的孩子心中，皇位毫无疑问日后就是由他来继承的。

但宪宗幼年的想法未免太过天真，虽然按照"嫡长制"的继承原则，身为长子的他毫无疑问是有着绝对的优势的，但宫廷自古以来就是一个多事之地，在过去的历史中，又有多少长子最终得以顺顺利利地继承了皇位呢？李纯虽然为皇长子，但在父亲登上皇位之后并没有马上被册封，所以在"永贞革新"的那段时期内，他的内心始终是十分忐忑的。因为俱文珍等宦官们和王叔文集团的斗争，使得李纯被宦官们推上了太子之位，其后又登上了皇位。唐宪宗的皇位得益于宦官，但他最后死在宦官的手中，这也不得不说是一个巨大的讽刺。

贞元二十一年八月九日，历经坎坷的李纯终于登上了皇帝位，成为大唐的第十一位皇帝，是为唐宪宗。他将年号改为"永贞"，一年后改为"元和"。这一年，宪宗李纯只有二十七岁，年华正好，正是大有作为的时候。

刚登基的唐宪宗马上便开始制裁顺宗时期推行革新运动的王叔文集团，唐宪宗这么做表面上是为了打击当年阻碍他顺利当上太子的王叔文等人，从而也给支持他的势力一个交代。确实，因为王叔文等人，他在当储君的那段日子是十分煎熬的。但从实际意义上来看，宪宗迫不及待地处理"二王八司马"的深层次原因是因为他想迅速地将处理国家大事的权力从王叔文集团的手中夺回。毕竟，作为一个刚登基的皇帝，为自身的统治积累力量是十分重要的。

幼年时的唐宪宗亲身经历了他的祖父唐德宗和父亲唐顺宗时期藩镇动乱给朝廷所带来的战乱之苦，所以自他懂事以来，他就下决心解决这个危害国家多年的大问题。如今他已经登上了皇位，成为这个帝国的主宰，他理应放眼天下，重振大唐失去已久的威望，这也是先帝们遗留下来的愿望。

虽然解决藩镇问题成为唐宪宗登基后首先要解决的大问题，但他很清楚，想要将天下藩镇的大权都重新收归朝廷所有，那么战争就是不可避免的。一旦开战，如果财力物力跟不上的话，那一切都是空谈。鉴于此，他在处理藩镇问题之前，着手处理的国家运作的核心问题是——财政。

唐宪宗首先做的是将宫中的剩余资财悉数转入左藏库，左藏库是国家的正库，这样一来，这些皇帝私有的财产就转为公有。这些钱财不做别用，是防备以后不时之需的，由国家统一管理。紧接着，他又下旨任命李巽为盐铁转运使，掌管江淮财物的整顿。李巽是当时的名臣杜佑所推荐，在财政方面很有自己的主张和见识。李巽上任之后"掌使一年，征课所入，类晏之多，明年过之，又一年加一百八十万缗"，整顿的效果十分显著。《资治通鉴》称赞他说："自刘晏之后，居财赋之职者，莫能继之。"几乎可以与德宗时期的财政名臣刘晏比肩。

元和四年（809年），在宰相裴垍的建议下，唐宪宗下旨改革赋税制度。唐宪宗之所以要改变原有的赋税制度，其目的无非是为了增加国家的财政收入，使中央的实力不断加强。在元和初期，各地的地方税收是由三个部分组成的，分别是上供、送使和留州。意思就是说地方的财政收入，除了要上交国库和留下自己使用之外，还要留出一部分作为送使钱物，而这一部分往往是不必要的。

宪宗改革之后，"天下留州、送使物，一切令依省估"，三部分并为两部分，原来的送使钱物则归入了国库。不仅如此，新的政策还规定，各地政府所需的费用从当地首府所在州的税收中支取，如果不足才可以征收其他州县的赋税。这样一来，不仅削弱了地方的财政实力，也使得国库日渐充盈起来。

自古以来，无论哪个朝代哪位皇帝想要增强国家的财政实力，途径无非两条，一是开源，二是节流。唐宪宗做到了"开源"，那如果同时做到"节流"，他改革财政的收效也就会成倍增长。和历史上许多初登宝座的君主一样，唐宪宗首先做的也是罢除四方进贡，给百姓们减轻负担，使他们专心于农业生产。

他还曾经向当时的宰相李藩寻求过这方面的意见，和他探讨节俭和足用的关系。李藩向宪宗皇帝进言道："自古以来足用无不来源于节俭。倘使君主不以珠玉为贵，一心一意地对百姓劝课农桑，那么那些所谓的'奇技淫巧'就没有作用了。"唐宪宗若有所思，李藩接着说道："如果天下百姓富足了，天子怎么会不富足呢？反而言之，如果百姓们尚食不果腹，君主想要富足也是不可能的。"

对于李藩的看法，唐宪宗也是表示十分赞同的。他说道："勤俭节约之事是朕诚心诚意想追求的，而天下贫富的关系与你所说的也丝毫不差。所以我们应当上下齐心，方能保住此道。"正是因为明白这个道理，唐宪宗在元和初期就多次拒绝了地方进献给他的歌舞乐伎，理由是这些人会消耗巨额的财富，不能为了他一己之乐就使国家"剥肤槌髓"。

虽然唐宪宗致力于做一个勤俭节约的好君主，也曾下旨罢除过四方进贡，但各地的官员还是照旧将各种奇珍异宝送入皇宫。对于这些珍宝，唐宪宗也几乎是来者不拒，但有时迫于舆论的压力，就将所收的这些财物转交到度支库，受国家财政的统一支配。例如在元和三年（808年），山南西道节度使柳晟和浙东观察使阎济美按照惯例来到长安述职。但他们这次来除了公事之外，还带来了一批进贡给皇帝的珍宝。

按照皇帝之前所颁布的诏令，柳晟和阎济美是违反了规定的，按照律令，应该受到相应的惩罚。但对于他二人这次所带来的财物，唐宪宗不但从容不迫地收下了，还赦免了他们的违例进贡之罪。御史中丞卢坦看不下去，便上书弹劾他们，希望朝廷能够给他们应有的惩处。

唐宪宗对此事却回复说，他已经下旨赦免了他二人的罪，君无戏言，如果按照卢坦的说法，那就会失信于天下臣民。事情发展到了这个地步，皇帝的态度已经很明显了，如果是一般的臣子也就会到此为止，但这个卢坦偏偏是个执拗的性格，他认为错的事情就一定要辩个清楚，就算对方是高高在上的皇帝也不能例外。

卢坦认为，当初唐宪宗为了天下百姓下旨罢除四方进贡这是"大信"，而这次收取供奉本来就是违反了当初的诺言，而且赦免柳晟和阎济美只是"小信"，不能因小失大。面对执拗的御史，唐宪宗也是毫无办法。无奈之下，他只好将这批财物交归国库。

自此之后，凡有反对他收取进贡之物的，他便将所收取的财物交到国库，并没有按照之前说的拒绝纳贡。所以说，事情总是知易行难，唐宪宗虽然是个君主，但也无法抵制钱财的诱惑，以至背弃了当初所作出的承诺。正是因为皇帝的这种做法，所以在元和年间，各地的供奉还是源源不断地送入长安。而各地的官员为了收集各式的奇珍异宝来讨好主上，也是加紧盘剥任下的百姓。

虽然唐宪宗收取供奉的这种行为在一定程度上增加了百姓的负担，但人无完人，作为一个君王，这些财物对于他来说，也许不止是物质上的满足，更重要的是这个过程给他带来的"高高在上"的心理慰藉。但从事实来看，唐宪宗在元和初期所推行的一些措施确实是有利于恢复经济和积累国家资产的。在国力慢慢充实起来的时候，唐宪宗心中多年的理想即将付诸行动，一场巨大的改变将要在元和年间拉开帷幕。

别逼朝廷对付你

唐宪宗在元和初期所做的一切，都是为了他祖辈父辈未完成的理想，那就是将分散在各藩镇的权力重新收回中央所有。唐宪宗未登基之前虽然憎恨王叔文集团，对他们的改革也不屑一顾。但从他登基之后的实际做法来看，他也并非完全否决了王叔文等人当年的革新措施，尤其是在裁抑藩镇方面，唐宪宗甚至比他们做得更好，而且取得了十分显著的成效。

在万事俱备之后，宪宗朝与藩镇之间的斗争就要拉开帷幕，他的目光首先落到一个叫西川的藩镇头上。西川原来的节度使叫韦皋，就是那个曾经向王叔文请求扩宽属地最后被严词拒绝的人。韦皋任节度使之时，西川尚能听命于朝廷。但唐宪宗登基后不久，韦皋就突然暴毙而亡。

韦皋死得很不寻常，关于这件事，历史上的猜测颇多。韦皋是在宪宗刚刚当上太子时第一个向朝廷上表请求太子监国的，却在新帝登基后突然死亡，因此很多人都认为这背后隐藏着许多不可告人的秘密。

更为蹊跷的是，当年韦皋上表之时，河东节度使严绶和荆南节度使裴均都先后向朝廷递上了内容和韦皋差不多的表章。再加上当时敦煌壁画《胡商遇盗图》中透露出的线索，不少人都认为是当时掌握大权的大宦官为了逼迫唐顺宗退位而指使这些节度使上表，事成之后便将这些知情者杀人灭口，而韦皋就是其中之一。

且不说韦皋是因何而死，但因为他的突然死亡，引发了一场在当时影响颇大的叛乱。事情的起因是韦皋的节度副使刘辟在其死后没有申报朝廷批准就擅自作为留后，事后才上了一封奏疏向朝廷报告了此事。

　　刘辟之所以敢这么做也是有原因的，因为唐中后期藩镇的势力增加了之后就不把中央的政令放在眼里，而这种做法也是各藩镇之间产生了默契的。不仅如此，刘辟又怂恿自己的部下联名向朝廷上书，希望朝廷能将他封为新一任的西川节度使。

　　对于刘辟的要求，唐宪宗马上作出了回应。他当然不会答应刘辟，唐宪宗下令命中书侍郎同平章事袁滋为剑南西川节度使，至于刘辟则调入长安任给事中。从地方到中央本来对官员来说是无上的光荣，但刘辟接到调任的诏书之后居然拒不奉召，不肯入京。此时的唐宪宗才刚刚登基，地位还不够稳定，他虽然不想答应刘辟的请求，却也不想因为此事引起过多的争端。于是宪宗主动妥协，他下旨封刘辟为西川节度副使和知节度事，暂时主理西川的事务。

　　唐宪宗这样的做法引起了许多朝臣的不解，当时的右谏议大夫韦丹就认为这种"姑息养奸"的做法只会留下后患，没有任何的好处。他对唐宪宗说："如今一旦赦免了刘辟的罪行，其他藩镇一定会效仿他的这种做法。到时候朝廷就会只剩下东、西二京，还会有谁听从朝廷的指令呢？"

　　唐宪宗也明白如此不是长久之计，但此时削藩的时机还未成熟，只有卧薪尝胆，日后方能成就大事。但从此事中，唐宪宗也看到了韦丹等大臣对藩镇问题的态度。于是，唐宪宗命韦丹为东川节度使，用东川的势力暂时压制住刘辟，并着手准备讨伐西川的事宜。

　　唐宪宗这么做已经是仁至义尽，但不知好歹的刘辟又提出了新的要求。元和元年（806年）正月，刘辟再一次向朝廷上书，希望他能够兼领包括西川、东川和山南西道在内的"三川之地"，这也是韦皋当年在王叔文那里求而不得的东西。此时东川节度使韦丹还未上任，刘辟不顾朝廷任命就提出如此无礼的要求。

　　唐宪宗闻后大怒，马上严词拒绝了他。朝廷的态度发生了如此巨大的改变，刘辟一时难以适应。可能他认为是西川方面给中央的压力不够大，所以他马上将西川的兵马召集起来，随后就围攻了东川节度使驻扎的梓州，并将原东川节度使李康囚禁了起来，想又一次来个先斩后奏。此时，唐宪宗即位仅仅三个月而已。

但刘辟万万没有想到的是，三个月的时间已经让新皇帝的地位日渐稳固，此时的唐宪宗根本不会再买他的账。在唐宪宗看来，刘辟之前就贪婪无度，如今竟敢起兵造反，完全不把朝廷放在眼里，自己当然要还以颜色。而对付这种无耻小人的办法只有一个，就是用武力消灭他们。就在唐宪宗决定出兵讨伐西川的时候，又有许多臣子站了出来。

虽然唐宪宗一再向他们说明，这次出兵一定会小心谨慎，不会再像德宗时期那样轻举妄动，但他们还是认为巴蜀之地地势险峻，易守难攻，且刘辟的军队在西川多年，对当地的地形和民风肯定是了如指掌，此战对朝廷是大大的不利，所以请皇帝三思而后行。这些大臣之所以反对以武力攻打西川，一方面是出于上述的原因，为朝廷考虑战机；另一方面就是多年的藩镇割据状况已经使他们心中对藩镇产生了一种恐惧感。如果这次征讨失败，不仅不能够平息叛乱，反而会引发天下藩镇的动乱，很有可能会因小失大。

即使如此，当时的宰相杜黄裳还是站在唐宪宗一方的，因为他清楚地知道，藩镇问题如果还不下狠心去解决，必定是后患无穷，前朝受藩镇割据之苦受得还不够多吗？正是因为有这样的想法，所以他曾经对唐宪宗说过这样的话："当年德宗皇帝在经历了藩镇战乱之苦后采取了妥协的政策，对藩镇姑息而不再使用武力。各地藩镇的节度使死后，朝廷曾派中使前去视察，看谁有才能可以继承节度使的位子。那些想要自立的人往往用钱财贿赂这些使者，让他们回来之后在皇帝面前为他们说好话。那时德宗皇帝不知就里，几乎采纳了中使的意见，所以朝廷再没有向各地派出过节度使。如今国家想振立纲纪，必须用一定的法度来制裁藩镇。只有这样天下才能得到治理。"

杜黄裳的一番话正中唐宪宗的下怀，也正是因为有杜黄裳的鼓励，令唐宪宗解决藩镇问题的决心更加坚定了。有人甚至说，杜黄裳的这些话是"一字千金"，正是因为他的几句话，就奠定了整个元和年间，甚至是9世纪初期唐朝的基本格局。

虽然有许多大臣持反对意见，但决心已下的唐宪宗还是力排众议，决定出兵讨伐刘辟。而宰相杜黄裳不仅支持唐宪宗，还将神策军使高崇文推荐给了皇帝。高崇文虽然资历尚浅，在当时不为人所知，却是个文武双全之人，此去定能不负所托。对于杜黄裳的做法，当时的翰林学士李吉甫也表示十分赞赏。

元和元年（806年）正月二十三日，唐宪宗颁布了《讨刘辟诏》，下旨命左神策行营节度使高崇文为统帅，宦官刘贞亮为监军使，率唐朝中央大军前往西川平叛。这次朝廷派出的兵马势力十分强大，除了有高崇文亲率的五千精兵为前军之外，还有神策军京西行营兵马使李元奕率领的两千骑兵殿后。不仅如此，山南西道节度使严砺也发兵兴元，和朝廷的两路大军一起直指西川。

前方的道路虽然艰险重重，但大军分斜谷和骆谷两路终于顺利地进入了蜀地。"安史之乱"后唐朝中央的实力虽然有所减退，但毕竟还是有一定的基础的，再加之宪宗之前的财政整顿，给这场战争提供了充足的后备力量。所以对西川的战役一开始，唐军就以绝对的优势占据了主动地位。主将高崇文也没有辜负朝廷的一番重托，在他的率领下，唐朝大军兵分二路，浩浩荡荡地向西川的治所成都开去。与此同时，山南西道的军队也与之相呼应，声势更加浩大。

在如此强劲的攻势下，刘辟的西川军不堪一击，不久之后就败退下来。无奈之下的刘辟只得带着自己的残兵败将向吐蕃逃去。但刘辟还没有到达目的地就被活捉，随后被押送长安问罪，最后被斩首示众。

失败的成功暗杀

不久之后，唐宪宗的目光又落到了河北的藩镇——魏博镇的身上。魏博镇的老节度使田季安已死，他的儿子田怀谏依照"传统"被拥立为节度副使，而牙内兵马使田兴则被封为步射都知兵马使。当然，这些都是先斩后奏，并没有事先征得朝廷的同意。

对魏博镇事件的处理马上被提到了朝廷的议程之上，宰相李吉甫认为解决这些不把中央放在眼里的藩镇的唯一办法就是发兵征讨，而唐宪宗也是持同样意见。但当时的另一位宰相李绛也说出了自己的看法，在他看来田怀谏经验尚浅，恐怕根本控制不了魏博的局面，不久之后魏博就会自顾不暇，根本用不着朝廷花费一兵一卒。

唐宪宗见李绛成竹在胸，就同意了他的意见，暂时不对魏博镇出兵，而是静观其变。果不其然，魏博镇不久就发生了内乱。在这个适时的情况下，唐宪宗封田兴为魏博节度使。不管表面还是现实，魏博就这样和平归顺了中央。

接下来，唐宪宗又发兵平定了淮西的吴元济。此次对淮西的战争前前后后一共进行了四年，影响十分深远，甚至可以说是唐宪宗一生平定藩镇中最为辉煌的一次，史称"淮西大捷"。元和四年（809年）十一月，淮西节度使吴少诚因病身亡，并没有留下任何遗言。当时的申州刺史吴少阳为了能够继承吴少诚的节度使之位，便伪造了一份遗书，自称为淮西节度副使并任知军州事。

吴少阳这种任意妄为的做法本来应当受到朝廷的严厉谴责，但此时的唐宪宗正忙于对成德王承宗的讨伐战争中，根本分不开身处理淮西的事。为了稳定淮西的形势，使讨伐成德的战役顺利进行，唐宪宗只好答应吴少阳为吴少诚的留后，并正式下旨封他为新一任的淮西节度使。

时间一晃过去了五年，元和九年（814年）八月，吴少阳也一病而亡。这时朝廷对成德的战争早已结束，不仅如此，各地的藩镇都开始听命于朝廷，原来的那种父子相承的传统已经改变。正是因为如此，吴少阳的儿子吴元济将父亲的死隐瞒了起来。随后，在没有朝廷批准的情况下，他自任为吴少阳的留后，开始领兵作乱。吴元济不仅攻占了周围的州县，还纵容手下的士兵掠夺当地百姓的财物，甚至屠害百姓，无恶不作。

得知吴元济反叛后，唐宪宗马上下旨将吴元济的一切封爵削去，并命严绶为招抚使，率领大军讨伐淮西。这次的战争并不像唐宪宗想象的那么顺利，而问题的关键就在于皇帝选错了领军之人。以严绶的才略来看，根本不能胜任统领各路军队的重责。正是因为他的指挥不当，各路兵马都不愿主动出击，而是集聚在淮西镇的边缘观望。

就在一切处于胶着状态的时候，忠武节度使李光颜率先出击，斩杀了数千个敌人，也打破了战争的僵局。就在情况要逐渐好转的时候，京城却发生了一件惊天动地的大事，宰相武元衡在上早朝之时被刺客暗杀了。

这件事情发生在元和十年（815年）的六月三日。这天清晨，宰相武元衡和往常一样去上早朝。就在他带着两名仆从，骑着马走到靖安坊东门不远处时，从街边的树后窜出了两名刺客。这两名刺客先将两名仆人击倒（一死一伤），随后便将武元衡的左腿打伤，拖下马来，不仅将他杀死，还将他的头颅割下带走。等到众人赶到现场时，武元衡早已身首异处，一命呜呼。宰相被杀的事件很快就传遍了长安的大街小巷，一时间人心惶惶。唐宪宗听说了这件事后，马上下旨免除了当日的早朝，并召集众位大臣前来商议此事。

就在皇帝焦虑万分的时候，又传来了一个骇人听闻的消息。不仅武元衡遭到了袭击，御史中丞裴度也在上早朝的路上遇到了刺客，所幸的是他没有被杀，但也身受重伤，不能来朝。刺杀事件发生之后，长安进入了紧急的戒备状态中，宰相出入家中和朝廷都由特定的护卫保护。那么，武元衡和裴度身为朝中要员，怎么会在天子脚下遭到暗杀呢？这次行动的幕后主使者又是谁，为什么非要置武、裴二人于死地呢？

从刺杀案件发生的过程来分析，这些杀手很明显是经过了专门的训练的。而且他们目的明确，人数众多，显然在事先有过周密的计划。武元衡和裴度之所以成为暗杀的对象，是因为他二人是朝中力主对藩镇用兵的主战派的重要成员，而这次活动的策划者就是早就对其怀恨在心的淄青节度使李师道。

刺客虽然是淄青节度使李师道所派，但始作俑者却是此时正在淮西作乱的吴元济。原来吴元济因为自己的实力不足以对抗朝廷的大军，于是便向淄青的李师道求援。李师道本来就对朝廷的削藩政策十分不满，在他看来，唐宪宗之所以如此执意削藩，全都是听了武元衡等人的挑唆。于是，他作了一个十分冲动而且愚蠢的决定，就是派刺客去长安刺杀武元衡、裴度。他认为，只要武元衡等人一死，唐宪宗自然而然就会放弃削藩的举动。

然而他没有想到的是，武元衡被杀之后，宪宗对藩镇的恨意进一步加深。武元衡和裴度被刺杀的事件，虽然一度打断了唐宪宗对淮西战役的部署，也使得吴元济暂时获得了一个喘息的机会，但唐宪宗根本没有就此放弃自己的削藩计划。武元衡死后，唐宪宗马上就拜裴度为相。裴度的上任很明显代表了皇帝对藩镇的强硬态度，不久之后，裴度就在宪宗的旨意下亲自到淮西督战。

元和十一年（公元816年）八月，淮西宣慰招讨处置使裴度如期来到了淮西。裴度的到来陡然改变了淮西的局势，他先是告慰了在前线苦战的众位将士，废除了宦官的监军之权，使得将领们都得到了对部队的控制权。其后，裴度又正式颁布了军机，明确了各路军队的职责。裴度的一系列做法不仅调动了军队的积极性，还一改征讨大军一年多来的颓废局势。

除了保障后方的工作之外，裴度还进行了战略部署，他将南线交给李愬，而北线则由李光颜指挥作战。裴度的信任让李光颜十分感激，所以他在战场分外卖力，因为北线的进攻猛烈，吴元济被迫将淮西军的主力都调往了北边。李光颜的做法不仅报答了裴度的知遇之恩，也给李愬创造了一战留名青史的可能。

李愬字元直，洮州临潭人氏。他系出名门，是唐朝名将李晟之子。因为其父在德宗朝解奉天之围时立了大功，所以李愬也得以进入仕途。

他原是太子詹事兼宫苑闲厩使，后经裴度推荐担任了唐邓节度使一职。淮西吴元济叛乱之后，李愬也奉命率大军前来征讨，并在这次的战争中有了不俗的表现。裴度来到淮西之后，将南线的重责交付给他，李愬也没有负其所托，顺利解决了淮西的叛乱。

就在李光颜将吴元济的兵马都引到北线之后，李愬决定亲自率军突袭已经被孤立的蔡州。蔡州是淮西的军事中心，也是吴元济重要的后方据点。在这之前，李愬成功地抓获了淮西骑将李祐，用心收服了他，并和他密议夺取蔡州之计。

元和十二年（817年）十月十五日，李愬亲率已经训练好的九千精兵，连夜冒雪赶往蔡州。由于大雪弥漫，道路泥泞，一般的军队根本无法在这样的天气状况下行军，李愬却带着兵马在大雪中急行了七十余里，终于到达了蔡州城下。当然，这一切，城中的守军都不得而知。

就这样，李愬率军进入了蔡州城，包围了吴元济的牙城。天亮之时，李愬下令进行总攻，吴元济猝不及防，只得束手就擒。元和十二年（817年）十一月一日，被俘获的吴元济被押往都城长安，游街示众后被斩杀于长安城中的独柳树下。

其后，唐宪宗火速调兵遣将，召集了包括魏博、宣武、义成、武宁与横海五个藩镇的兵马前去淄青讨伐李师道。但相同的戏码又一次在淄青上演，还没等到五镇的兵马到达目的地，李师道就被自己的部下、淄青军都知兵马使刘悟杀死。由此可以看出，朝廷对各藩镇的影响力在当时还是十分强大的。李师道死后，淄青十二州的管理权自然而然就收归朝廷所有。

元和十五年（820年）正月二十七日，唐宪宗暴崩，谥号为"圣神章武孝皇帝"，庙号"宪宗"，死后葬于景陵。

唐宪宗在位十五年，以祖上的圣明之君为榜样，虽然有过不少过失，但其每日勤勉于政事，与手下的大臣们共同缔造了大唐的中兴气象。正是因为"元和中兴"的出现，唐宪宗得以和创造贞观、开元的唐太宗和唐玄宗并驾齐驱，成为唐朝历史上不平凡的一位君王。

第三章

宣宗之治，最后的希望之光

装傻装出来的皇位

知我者希，则我者贵。是以圣人被褐而怀玉。

——老子《道德经》

唐宣宗名李忱（原名李怡），是唐宪宗的第十三个儿子。他的生母郑氏本姓朱，乃润州人士，是原浙西观察使李锜家中的一个小妾。李锜之所以纳郑氏为妾，是因为在他到达浙西任职之后，有个术士告诉他，郑氏的面相以后会生出天子。其后李锜作乱被朝廷处死，郑氏就随同李锜的家眷们没入掖庭为奴。当时宪宗的贵妃郭氏看中了她，便把她从掖庭调到自己身边充任侍女。

郑氏天生丽质，不久之后为唐宪宗所宠幸，从一个普通的宫女成为了后宫妃嫔中的一员。宪宗元和五年（810年）六月二十三日，郑氏在大明宫生下了儿子李怡，这就是后来的唐宣宗。李怡并非唐宪宗的嫡子，而且名次比较靠后，所以几乎是没有可能继承皇位的。长庆元年（821年）三月，继承了宪宗皇位的唐穆宗封李怡为光王，所以自此之后他就一直以亲王的身份住在十六王宅中。

十六王宅是位于长安城西北角的一个独立坊区，南邻兴宁坊，西边是长乐坊。这片区域内的建筑和普通的民宅不同，都是一些十分华丽的住宅，而住在这里的就是唐朝的诸位亲王。

和其他朝代亲王驻守各地的情况不同，唐朝自建国始，尤其是唐玄宗之后，亲王们除遇特殊情况，一般不离开长安，这可能也与抑制亲王们的权力发展有关。自从唐朝的继承制度在唐敬宗之后由原来单一的"父死子继"逐渐开始出现"兄终弟及"后，十六王宅里就诞生过不少皇帝，唐敬宗的弟弟唐文宗就是其中一例。

和其他的皇子不大一样，光王李怡从小在智力方面就有些缺陷，而且为人沉默寡言，不善与人交谈。由于李怡的这种特殊情况，所以他在当时成为对皇位最没有威胁的一位亲王。

也正是因为他和其他人在政治上几乎没有利益冲突，所以十六王宅中的其他王爷对他的态度也很特别，他们既同情这个呆头呆脑的王爷，又忍不住经常戏弄和取笑他。之后的敬、文、武三位皇帝都是以兄终弟及的方式继承了皇位，李怡就自然而然成了三代天子的皇叔。李怡虽是皇叔，是他们的长辈，但几乎从来没有受到过这几位侄子的尊重。

唐文宗是十六王宅中第一位登上皇位做天子的王爷，他在即位之后还会不时地回到自己的故地，和自己的皇叔以及兄弟们叙叙旧。一日，唐文宗又来到十六王宅与亲王们饮宴，李怡作为皇叔，当然也在其列。宴席之上，众位王爷与唐文宗觥筹交错，欢声笑语不断，只有光王一人在旁默默不语。

唐文宗见他如此，便笑言道："你们谁能让皇叔开口说话，朕重重有赏。"王爷们本来就经常戏弄光王，如今听说皇上有赏便纷纷离席前去逗弄他。但奇怪的是，无论众人怎么捉弄，光王就是一言不发，而唐文宗看着他木讷的样子和其他王爷无奈的表情居然大笑不止。

文宗之后的武宗性格颇为爽直，对这位皇叔更是无礼，经常以捉弄取笑他为乐。武宗在位之时还一度怀疑光王的沉默寡言和那种与世无争的态度都是故意装出来的，其实内心深处有着不可告人的秘密。正是因为有这样的猜疑，所以唐武宗即位之后从内心深处对自己的叔叔产生了一种厌恶感，经常让他难堪，在众人面前下不来台。

为了彻底消除光王对自己的威胁，唐武宗甚至想将他杀死，以绝后患。根据《续皇王宝运录》中的记载,唐武宗为了除去自己的皇叔,偷偷命宦官将光王幽禁起来,并把他沉于宫厕之中。宦官们十分同情光王,就对皇帝说:"光王不应被沉于厕中,还不如就此将他杀死吧。"唐武宗听了便同意了他们的做法。其后这些宦官将光王解救出来,并秘密地供养起来,并对上谎称光王已死,这样才保住了他的性命。

也有说是唐武宗借打马球之机,命宦官仇士良趁机将光王杀死。仇士良于心不忍,于是便让手下的宦官将光王抬出皇宫,并向唐武宗奏报说:"光王不小心落马,已经救不活了。"就是因为仇士良的一丝善心,可怜的李怡才保住了一条性命。据说为了远离纷争,李怡选择了出家为僧,自此之后他就离开长安,一直在江湖之中游荡。但这件事是否属实也还存在着很大的争议。

无论如何,唐武宗虽然用尽办法打压和折磨他,李怡还是坚强地活在这个世上,而他对生活的乐观态度和对一切人事都豁达的胸怀渐渐地打动了众人的心。这也就可以解释为什么在诸多的记载中,唯一不变的一点就是他人都是因为不忍和同情冒着欺君之罪保存了他的性命。

从光王之前的经历来看,他的人生可谓坎坷不断。但纵观他的一生,他所受到的苦难还远远不止这些。武宗时期,还在做光王的李怡曾经有一次和唐武宗外出。在回来的途中,李怡不慎落马,顿时就昏迷了过去,但周围居然没有任何人发现。

那时正值寒冬,室外更是冰天雪地,李怡的命运又一次悬在了生死之间。也许是上天特别眷顾宣宗,半夜二更的时候,他竟然苏醒过来。醒来的他浑身冰凉,没有一点力气,但此时四周空无一人。就在这个危急的关头,一个巡夜之人发现了奄奄一息的李怡。

此时的李怡犹如抓到了救命稻草,对他说道:"我是光王,不幸坠马落在此处,能不能给我一碗水喝?"巡夜之人看他实在可怜,便取了一碗水给他。李怡喝了水后,身体逐渐恢复了一些知觉,自己便踉踉跄跄地走回了十六王宅的住所。所谓"天将降大任于斯人也,必先苦其心志,饿其体肤,空乏其身",饱受磨难的光王在武宗死后终于迎来了自己的春天。

唐武宗英年早逝,死时长子也只有几岁,还是个懵懂无知的幼童。在这种情况下,光王李怡慢慢地走进了人们的视野。其实早在唐武宗病重之时,宦官就已经蠢蠢欲动。因为对于晚唐的宦官来说,皇帝的更替是一次进行权力重组的大好机会。只要在这个关键时刻选准了对象,日后的富贵荣华便唾手可得了。

正是因为这种强大的利益驱使,内侍仇公武首先提出可拥立光王李怡为帝。仇公武之所以会提出这样的建议是有其深刻原因的。在宦官们看来,光王李怡是个憨痴之人,即位之后肯定是受人摆布、无所作为的。如果拥立他当上了皇帝,那日后的天下就如同自己的一样了。所以仇公武拥立光王的想法一经提出,马上就得到了左军中尉马元贽的赞同。

会昌六年三月二十日,唐朝廷向天下人宣布了唐武宗的遗诏:"皇子冲幼,须选贤德,光王怡可立为皇太叔,更名忱,应军国政事令权勾当。"意思是武宗的皇子年龄太小,而光王李怡贤德,可立为皇太叔,而所谓的"应军国政事令权勾当"就是在正式即位之前代理国事。遗诏公布后的第二天,已经被立为皇太叔的光王李怡在少阳院接见了文武百官。

在之后的日子里,皇太叔李忱开始代病重的唐武宗处理政事,而他举手投足间表现出的自信和果敢与之前木讷呆滞的光王简直判若两人,积压了数月的政务在他的手中都迎刃而解。李忱的出色表现让所有的人都大吃一惊,他们甚至不知该为此高兴还是担忧。群臣们高兴和欣慰的是拥有这样英明睿智的皇帝后,国家治理有望,担心和恐惧的是这样一来光王之前的表现的确只是在韬光养晦,真实的目的可想而知,那么新君的心机深重可见一斑。

无论如何,李忱还是在重重阻碍下名正言顺地成为了皇位的继承人。会昌六年三月二十三日,唐武宗驾崩,皇太叔正式即皇帝位,是为唐宣宗。这一年，李忱已经三十六岁，算是唐朝即位新君之中年龄较长的一位了。唐宣宗登基之后不久便尊称其母郑氏为皇太后，并将她安置在自己的出生地——大明宫，朝夕侍奉，丝毫不敢怠慢。

小太宗，拥有大能量

虽然在宣宗即位之初，朝中的大臣都对这位有些"痴呆"的皇叔没有抱多大希望，但宣宗凭着自己的努力，让天下人对他另眼相看。因为之前的人生经历，唐宣宗的心中一直有重振帝国朝纲的强烈愿望。再加之阅历颇深，他对于朝政和为君之道的成熟看法也是唐朝后期的其他皇帝无法比拟的。

大中元年，刚登基不久的唐宣宗就因为天气干旱，下旨减膳撤乐，并释放宫女五百人。除此之外，又释放五坊鹰犬，停止各处的营建，并且下诏大赦天下。

大中二年（848年）二月，唐宣宗召见了翰林学士令狐绹，与他探讨了唐太宗所撰《金镜》中的治国之道。在这个过程中，唐宣宗对这位翰林学士十分尊重，君臣二人相谈甚欢，而令狐绹也明显能感受到这位皇帝的成熟稳重与其心中对于国家所寄托的希望。

在吏治改革方面，唐宣宗也在武宗朝的基础上作出了自己的努力，而"任贤勿贰，去邪勿疑"正是他所信奉的标准。唐朝的官员人数众多，宣宗年间已有近三千人。为了了解官员们的情况，以便能够将他们的才华用在可用之处，唐宣宗特意命宰相们编撰了一部《具员御览》，并放于案头，以便随时浏览。

唐朝在地方施行州县制，各地的最高长官便是刺史。刺史作为地方的行政长官，直接关系到朝廷政令的推行和百姓的生活好坏，所以对于刺史的任命唐宣宗更是格外重视。

他曾经说过这样的话："朕认为如果刺史选择不当肯定会危害当地的百姓，所以朕要一一面见，亲自询问他们到地方之后如何施政。这样才能了解其优劣，确定他是否可以担当此重任。"正因为如此，在宣宗一朝，刺史凡被选定之后一律要经过皇帝的亲自审查方可上任。

前朝的高官太过泛滥，而唐宣宗则十分珍视高官的授予，不是对朝廷有大功劳的是不可能在他手中获得这样的殊荣的。不仅对高官如此，就算是一般官吏的任免，唐宣宗也要亲自审查，绝不只听信他人的一面之词。

一次他到泾阳游猎，恰巧听到当地的一位砍柴之人说泾阳县令李行言为人刚正，不惧怕权势，经常为民做主，是个难得的好官。唐宣宗听后便将此人牢牢记在心中，回宫之后就授予李行言紫服。

唐宣宗任命官员还有一个特点，就是奖惩分明。对于有政绩的官员他肯定给予鼓励，而对于那些贪官污吏，一经发现绝对是严惩不贷，毫不留情。例如淮南发生了严重的饥荒，百姓流离失所，而节度使杜悰却只知每日游宴，完全不管任下百姓的死活。杜悰身为淮南节度使还兼着宰相的头衔，威望颇高，唐宣宗为了不引起事端就马上把他调离淮南。

宣宗为人十分公正，不任人唯亲。他在位期间，有一个叫梁新的医官治好了他的厌食之症，梁新便想以此向宣宗求取一官半职。唐宣宗虽然对梁新心怀感激，但还是严厉地拒绝了他的请求，赏给他金银作为补偿。

宣宗即位之后曾任命自己的母舅郑光为平卢、河中节度使，但后来发现他无甚才华，而且语多鄙浅，就把他调回长安，留在身边任右羽林统军一职。地方节度使是个美差，右羽林统军当然不能与之相比，于是郑太后就多次对宣宗说，希望能将郑光依旧放回地方。宣宗虽然是孝谨之人，却没有因此将没有政治能力的舅舅放到地方，而是赐予了他田地金帛作为补偿。

不料郑光的手下仗自己的主人是皇亲国戚，居然不缴租税。时任京兆尹的韦澳为人十分刚正，将这些人全部抓捕入狱。之后唐宣宗为此事还颇为担忧，怕舅舅知道后闹事，于是还想替其求情，让韦澳看在自己的面子上不要追究此事。

韦澳却劝他道:"国舅爷倘若不缴赋税,那么朝廷的律法就是只针对贫户,留之何用?陛下任臣为京兆尹,清理京师之弊是臣的职责,万万不敢奉诏。"最后韦澳责令这些人补足了所欠税款,并重杖一顿才将他们放归,以儆效尤,而宣宗也再未有他言,甚至为之前替舅舅求情向韦澳道歉。

唐宣宗不仅对自己要求严格,对子女的管束也颇为严厉。他十分宠爱女儿万寿公主,并把她嫁给了起居郎郑颢。郑颢有个弟弟郑颉,病危之时,唐宣宗还特意遣使前去探望。使者回到宫中之后照例要去皇帝面前回复,唐宣宗就问他万寿公主在做些什么。

使者不敢隐瞒,就如实回禀道:"公主殿下正在慈恩寺戏场看戏。"唐宣宗闻得此事后大发雷霆,说道:"难怪士大夫之家不愿与皇室结为姻亲,原来是因为这个原因!"言下之意是埋怨自己没有教育好女儿。说完之后,他马上下旨召万寿公主入宫。

公主接到诏令之后也知道父亲召见所为何事,于是便匆忙赶去。等到公主来到宣宗寝殿之时,唐宣宗对她不理不睬,只让她站在台阶之下反省。万寿公主十分惶恐,泣涕涟涟,马上向父皇谢罪。毕竟是自己的爱女,宣宗也于心不忍,于是便教育她道:"岂有自己的小叔子病重自己还去看戏的道理呢?"这件事情过后,皇亲国戚们都谨守礼法,不敢有丝毫越矩的行为。

至于唐朝的边境地区,到了宣宗时期也出现了新情况。吐蕃自唐武宗时期发生内乱之后,势力削减了不少。唐宣宗初年,本来被吐蕃所有的秦、原、安乐三州和原州七关都陆续归顺了朝廷,这一情况也大大提高了刚即位的唐宣宗的政治声望和资本。

在此之后,唐朝在宣宗时期还收回了河西走廊的控制权,并在沙州设置了归义军,命领导这次战役的张义潮为沙州节度使。河西走廊和沙州地区收复之后,唐宣宗抑制不住内心的激动,兴奋地说:"先父宪宗皇帝生前有志收复河、湟地区,但因忙于中原藩镇战争,一直没能完成这个心愿。如今朕竟然完成了他的意愿,足以告慰列祖列宗的在天之灵了。"

他在位期间，不论是朝臣们的意见还是门下省的封驳他都能欣然接受，每逢大臣们提出了良好的建议，他甚至要洗手焚香，大有唐太宗当年的风范。有一次他要去唐玄宗修建的华清宫去游玩一下，但大臣阻止，他也就放弃了这个想法。

宣宗此人公私十分分明。每当上朝之事必然是正襟危坐，不论多久都不露一丝倦怠之意。他甚至经常提醒大臣们："卿等好自为之，朕常担心卿等负朕，日后难以相见。"以致当时的宰相令狐绹说每次上朝之时都紧张得汗流浃背，不敢出一丝差错。但公事一旦结束之后，他便和颜悦色起来，或谈天说地或一起游玩，和大臣们相处得如同朋友一般。

朕不是软柿子

在手中权力日渐增大，政治地位初步稳定之后，唐宣宗便开始着手处理为害唐朝多年的宦官问题。唐宣宗之所以如此迫切地想解决宦官问题，根本目的是为了恢复唐朝的清明政治，但直接目的是为自己的父亲唐宪宗报仇。

为了解决宦官问题，他特意召来翰林学士韦澳密谈。唐宣宗虽然听韦澳说近来宦官有所收敛，但内心还是十分担忧，于是便问韦澳有何良策对付宦官专权。韦澳认为与其用朝臣的力量铲除宦官，不如在宦官内部提拔一些人才，不然很有可能会酿出像"甘露之变"那样的惨剧。唐宣宗觉得此计不妥，于是又招宰相令狐绹前来商议。

令狐绹对唐宣宗说："要想清除宦官势力不可操之过急。有罪必究，有缺必补。等他们的势力自己消耗殆尽就可以了。"晚唐的宦官势力过于强大，要想毕其功于一役确实很困难，由此看来令狐绹的办法也不是没有道理，但深究之又未免太过消极。然而令狐绹的建议还未被采纳，就很快传到了宦官的耳朵里。因为这件事，朝臣和宦官之间的矛盾又进一步加深了。

对于强大的宦官势力,之后唐宣宗也没有和文宗一样采取强硬的手段,而是听取了令狐绹的意见,一直抑制其发展,不让它愈演愈烈就行了。当时有个叫李敬的宦官为人十分嚣张,遇到宰相郑朗居然不回避也不下马。唐宣宗得知此事后大怒,马上召李敬前来问话。宣宗问他:"你奉命出使,自可通行无阻。但怎么能因私外出,遇宰相而不回避?"没想到李敬却禀报宣宗道:"供奉官照例不必回避。"唐宣宗听他如此说,更加愤怒,马上下旨收回李敬的一切职权,发配到南衙去当贱役。

再如宣宗年间,朝廷有个宦官奉旨外出办差,途径砍石时在一个驿站歇脚。砍石地处深山之中,物资十分匮乏。而这个使者仅仅因为驿站的小吏呈上来的饼食有些发黑,就扬起鞭子将这个小吏打得血流不止。这件事很快就传到了陕虢观察使高少逸的耳中,愤愤不平的高少逸马上将使者所食之饼上呈给了唐宣宗,并向他报告了此事。等到那个鞭打小吏的使者一回到长安,唐宣宗马上将他召来痛斥了一顿,最后将他发配到恭陵去守陵。

唐朝有宦官监军的传统,为了防止这些宦官在地方上扰乱军政、作威作福,唐宣宗重新制定了相关规定。在新的法规中,一旦地方的节度使出现了什么差错,那么该地的监军使与节度使一起领罪,这样也就实现了当时设立监军使的初衷。唐宣宗的一系列举措虽然没能彻底地解决宦官问题,但也确实大大打压了宦官们的嚣张气焰,颇受朝臣和天下百姓的赞扬。

不仅如此,据说宪宗之死,当时唐宪宗的贵妃郭氏也参与了此事。唐宣宗早就对这件事颇有了解,也是因为这一层原因,他即位之后对郭太后并不十分礼遇。作为四朝太后的郭氏认为受到了羞辱,甚至在大中二年(848年)五月中的一天,登上兴庆宫中的勤政楼想要自尽,但被身边的人所阻止。

奇怪的是,郭太后虽被救下,但在自尽未遂的当夜就突然死去。这件事在当时影响很大,唐宣宗也因此受到不少猜测,因为当时在他得知郭太后要自尽的时候曾经愤怒地说过这样的话："太后身为国母，听任光陵商臣之酷而不怀惭惧，犹藏异心，言死尚轻！"

除了"宣宗因宪宗之死加害郭太后"一说外，也有说是唐宣宗的母亲郑氏曾经是郭太后的侍女，两个人本来就有些恩怨纠葛，因为此事，宣宗才对郭氏礼遇不加，所以郭太后才想到了自尽。

郭太后死后，于情于理都要作为后妃陪葬在宪宗皇帝的身旁。而唐宣宗确认为郭氏根本不配享有陪葬父亲的资格，所以便想把她葬在景陵的外园。郭氏是太皇太后，这么做显然不合礼制，当时太常寺有个叫王暤的官员就站出来反对宣宗的这一做法。

王暤很显然不清楚唐宣宗心中的真实想法，居然将自己的想法写成了一封奏疏递了上去。唐宣宗见状后，大怒不止，让宰相白敏中去调查此事。白敏中马上去见了王暤，询问他为何递上这样一封奏疏。此时王暤依然理直气壮，说道："太皇太后是汾阳王郭子仪的孙女，是宪宗皇帝的原配，身经五朝，是天下之母。宪宗之死现在尚未查清楚，怎么能这么草率就废除了正嫡之礼！"

白敏中与他理论，但孤直的王暤还是坚持自己的看法。这件事发生的第二天，王暤被贬为句容县令。宣宗死后，懿宗即位，王暤又被召回朝中，固执的他又旧事重提，唐懿宗也就依了他的奏请，将郭太后的神位移至唐宪宗的宗庙内配享。

郭太后死后，唐宣宗便开始着手处理当年宪宗被谋害一事，将当年涉及宪宗谋害事件的大批宦官和外戚处死或者流放。这次的清洗活动前前后后共进行了六年，直到大中八年（854年）初才告一段落。

对于发生在文宗时期的"甘露之变"，唐宣宗心里也有着无限的感慨。他虽然为文宗所惋惜，但又颇看不起李训和郑注两人，所以后来为在"甘露之变"之变中被枉杀的官员平反的过程中独独缺少李训和郑注。从唐宣宗为在"甘露之变"中冤杀的臣子平反昭雪这件事来看，他对宦官和朝臣的选择问题还是十分在意的，所以对于大臣们和宦官之间的来往他也密切关注，严厉禁止他们交往过密。

一日朝会之上，宣宗看宰相马植腰间佩戴了一条十分贵重的腰带，便问他从何而来。马植不敢隐瞒，就对宣宗禀报说是左神策军护军中尉马元贽所赠。马元贽在拥立宣宗的时候立有大功，而这条腰带就是唐宣宗当年为了嘉奖他特意赏赐给他的。因为马元贽在宣宗朝极受皇帝的恩宠，所以大臣们都争相与之交好，而宰相马植就是其中之一。因为他二人同姓，马植就与马元贽攀为本家，往来十分密切。为了表示自己的情谊，马元贽便将唐宣宗当年所赐的这条腰带转赠给了马植，没想到却被宣宗一眼认出。

唐宣宗看到腰带的时候也大概明白了是怎么回事，心中十分不快。第二天，他就下旨将马植贬为天平军节度使，后又贬为常州刺史，马植的从属们也都受到牵连。这件事后，朝臣们都知皇帝不喜他们与宦官交结，所以都断了此念。这些举措对抑制宦官与朝臣勾结，擅权夺政也产生了一定的效果。

除了抑制和打压宦官之外，唐宣宗对宫廷之内的乐工也加强了管理，不准他们在外仗势欺人、危害天下。这些乐工之所以气焰如此嚣张，完全是因为前朝，尤其是穆、敬两朝皇帝的娇宠。但唐宣宗一反常态，对他们绝不过分宠信，更不允许他们干涉朝政。

例如宣宗朝有个乐工名叫罗程，琵琶堪称一绝，深得唐宣宗的喜爱。然而这个罗程仗着皇帝的喜爱在外仗势欺人，甚至因为一件小事就闹出了人命官司。罗程因为此事被逮捕入狱，乐坊的乐官们纷纷向唐宣宗求情，希望宣宗看在往日恩情上网开一面，不要因此就损失了一位有绝艺之人。

这些乐官恰好犯了唐宣宗的忌讳，皇帝怒声说道："你们心中惋惜的是罗程的技艺，而朕所惋惜的却是高祖和太宗皇帝所立下来的法律！"像罗程这样的事在宣宗朝屡见不鲜，优人祝汉贞也是因为干涉朝政被流放。久而久之，这些宫中之人也慢慢收敛自己，再也不敢胡作非为了。

第四章
盛世末路，起义蜂起的乱局

一切为了回家

唐懿宗统治时期的政治越来越腐败，他任命的大臣们大多是一些鱼肉百姓、横行霸道、贪污腐败之流。他们做尽所有中饱私囊之事，唯独不会去做有利国家的事。在对政事没有兴趣的唐懿宗身边围绕着的都是一些或庸碌、或谄媚、或阴险的人，正是这些人和唐懿宗一起加速了李唐王朝的毁灭。

庞勋起义发生在唐懿宗咸通九年（868年）七月，这次起义是矛盾长时间积累之后爆发的结果。其根源可以追溯到咸通三年（862年）的一次朝廷派兵行为。当时的李唐王朝为了预防南诏北侵，所以下令将当时徐州的兵马派去南戍桂林。咸通四年（863年），南诏的军队攻陷了安南地区，于是朝廷急忙将征募来的两千兵马派去支援安南，而其中的八百人后来又被派去驻守桂林，这些人就是庞勋起义最初的人马。

李唐王朝对于戍边的士兵有着非常明确的换防规定，即每三年一换防，也就是说这八百个离家的戍兵只要桂林待满三年就会有新的戍兵来接替他们的工作，而他们就可以回归家园了。在驻守桂林的三年期间，虽然将领徐泗观察使崔彦慎治兵严苛，引起了官兵们的诸多不满，但是他们还是忍了下来，因为他们知道，只要平安地度过这三年，自己就可以衣锦还乡了。

然而除了崔彦慎自己治兵严苛外，他手下所重用的都押牙尹戮、教练使杜璋、兵马使徐行俭等人都对士兵们十分残虐酷烈，怒火在每日都生活在水深火热之中的士兵们心中逐渐燃烧。不久，士兵们最后的希望也破灭，由于崔彦慎总是推说经费困难，不放他们回去，这些士兵没能在三年之后按时回到家乡，不得不在桂林一待就是六年，而且这种状况还在一直持续着，朝廷完全没有让他们回家的意思。

面对着朝廷的这种行为，那些期待忍满三年后就可以回家乡和妻儿老小团聚的士兵，再也忍无可忍了，他们所有的不满和愤怒都在咸通九年（868年）七月爆发出来。这些士兵在军校赵可立、姚周、张行实等人的带领下策划了兵变，杀死了负责监视他们的军官，在取得控制权之后，推选受人尊敬的粮料判官庞勋为首领，就这样，一场兵变正式爆发。起义军洗劫了仓库，为自己的长途行军储备了足够的军需，然后在没有朝廷命令的情况下擅自北归，向着家乡徐州攻了过去。

当时的李唐王朝在唐懿宗的统治下，已经十分腐败了，藩镇各自为政，朝廷国库空虚、兵力匮乏，面对军队的叛变，唐懿宗甚至抽不出足够的兵力来镇压。为了拖延时间，朝廷给这些戍兵下了一道赦免的诏令，表示只要起义军停止一切的军事行为，朝廷就同意让这些戍兵回到徐州。对于这道赦令，湖南、浙西、淮南这些地方政府确实服从了，他们不但没有难为这些士兵，放他们过境，甚至给他们补充给养。

不过这道赦令虽然给起义军带来了一些便利，但是从军多年、经验丰富的庞勋等人并没有轻易相信，他们明白这一切不过是缓兵之计。因此他们一路上从没有停止过招兵买马，到达距徐州仅有一百四十里的彭城时，庞勋在全军召开大会，告诫所有士兵，朝廷是绝对不可以相信的，他们之前所做的一切都是为了在徐州城内布下罗网而使的缓兵之计，因此与其回到徐州被彻底消灭，甚至于株连九族，不如现在奋起抵抗，和在徐州城内的守军里应外合，共同反叛朝廷。

看到起义军并没有进入徐州城，崔彦慎派人给起义军送去了安慰信。在信中表示不管庞勋提出任何要求他都可以答应，对于这封信，庞勋的答复非常简单，一是要求解除尹戣、杜璋、徐行俭三人的职务，以平息士兵们的愤怒；二是要求将戍兵将士自立两营，由一将来统领。

崔彦慎看到起义军的答复之后，他明白起义军已经洞悉了他的意图，所以他索性也不再假意安抚起义军了，便命令徐州上下严阵以待，公开在徐州城内做军事部署，并命令宿州的兵马主动出兵攻打起义军。

接到命令的宿州兵对于起义军毫无战意，遭遇到起义军之后，立刻望风而跑，不战而退。起义军花了不到半天的时间就攻下了宿州城，然后打开了全部府库，将其中的物品都分发给了百姓。同时大规模招募士兵，为以后的军事行动储备力量，这一系列的行为使得起义军的部队在短时间内得到了很大的扩充。

至此起义军和李唐王朝之间彻底决裂了，庞勋自称"兵马留后"，起义军打出了自己的旗号，决定和朝廷抗争到底。在朝廷的围攻之下，庞勋放弃了宿州，没有选择和朝廷正面对抗，起义军利用三百艘大船来到了彭城的城下，奇袭彭城是起义军取得的一次很大的胜利。

但是驻守彭城的崔彦慎决心要死守，这种决心即使面对着包围着彭城的起义军也不为所动，但是可惜的是他并没有得到城内的民心。精通军事的庞勋知道，想要攻占彭城只可智取，不可强攻。所以当起义军兵临城下之后，庞勋就明确地告诉城外的所有居民，起义军不会扰民，并且对百姓大加安抚，分发粮食，这样彭城外的很多居民都纷纷加入起义军的队伍当中去。

因此庞勋带领着起义军开始攻城之后，城中的居民都站到了庞勋这一边，他们翘首以盼起义军能够早日进城，甚至帮助庞勋攻城，在和城中居民们的里应外合之下，罗城很快就被攻了下来，退守到子城的崔彦慎等人被俘，愤怒的起义军肢解了尹戣、杜璋、徐行俭三人。就这样整个彭城都落到了起义军的手中。

取得了彭城的庞勋很快又控制了徐州，这时他上书朝廷，要求朝廷任命他为节度使，对于他的要求，朝廷没有给出任何答复，这让庞勋感到十分不满。为了向朝廷示威，他又接连攻占了濠州、滁州等城，同时起义军还攻占了都梁城，将江淮的运输线控制在自己手中。就这样，起义军在切断了唐王朝的主要经济命脉的同时，还充实了自己的财力。

就在起义军的形势一片大好的情况下，在一片胜利的欢呼声中，庞勋被胜利冲昏了头脑，他所想的不再是单纯的回家，也不再想反抗朝廷，他开始得意忘形起来。他昭告天下自己是无敌于天下的，同时他宣告各地都必须归顺于他，为他的军队提供士兵和军需，这时庞勋的行为一改当初的爱民如子，已经和李唐王朝的行径别无二致了。

起义军的多次胜利在全国引起了很大的震动，一方面淮南地区的地主官吏害怕战乱波及自己的身上，于是纷纷逃亡江南。另一方面淮南的百姓们面对已经变质的起义军，首当其冲地遭受到了迫害，也被吓得纷纷逃向了江南。

这时淮南节度使令狐绹害怕庞勋还会危害其他的地区，于是他对庞勋说，会上书朝廷，请朝廷册封庞勋为节度使。面对这个明显是为了拖延时间的说辞，庞勋没有了原本的理智，可以说他渴望成为节度使的愿望盖过了一切，竟然相信了令狐绹，暂停了向淮南出兵。于是令狐绹为自己争取到了足够的作战准备时间。

在庞勋等待的时候，唐王朝一边表面上向他示好，一边暗中集结各地的部队。所以在庞勋还做着美梦的时候，官军已经集结到了宋州，这时庞勋才知道自己中了缓兵之计，朝廷从最初就想要消灭他，这时他所占领的各地也纷纷要求他派兵增援。面对这种情况，庞勋已经处于无兵可用的境地，便开始四处抓壮丁，搜刮大户和商旅，导致民怨沸腾。同时起义军的内部也发生了危机，起义军的组织纪律日益衰败，那些和庞勋在桂林一起起事的士兵，仗着自己的身份和地位胡作非为，"夺人资财，掠人妇女"，这些都致使民不聊生，让人们在起义军最危险的时候和他们离心离德。

咸通九年十月，朝廷任命戴可师率领官军三万人去征讨起义军，朝廷大军和起义军在都梁城展开了大战。面对人数众多的敌人，起义军首先佯装失败，放弃了都梁城，面对一座空城，官军轻敌冒进地进入了城中，恰在这时，城中下起了大雾，雾气浓重到已经伸手不见五指了。就这样，在官兵放松警惕又立足未稳的情况下，起义军趁着重雾反攻入城，这时的官军只能手足无措地应战，最后的结局必然是官军战败，戴可师被杀，并且他的首级被送到了徐州。

面对多次的失败，朝廷终于意识到庞勋率领的起义军的厉害，于是推出了一个非常强大的阵容，命右金吾大将军康承训作为义成节度使、徐州行营都招讨使，任命王晏权等统领着各地的军队，全线向前推进。同时还从沙陀、吐谷浑等少数民族征调骑兵，对起义军形成了合围之势。

在咸通十年的正月，康承训带领七万多官军去进攻起义军，驻扎在徐州城西南方向的柳子城的西面，官军在这里排兵布阵，阵营一直从新兴延续到了鹿塘，他们虎视眈眈地观望着徐州，面对这样的威胁，起义军派遣王弘立，由他带领着仅三万大军来夜袭鹿塘寨，偷袭在官军的轻敌之下取得了成功。

但是以少胜多的成功毕竟只能是少数，起义军在之后和康承训在柳子的数十战中，都没能取得胜利，非但如此，在这些战役中起义军还付出了巨大的代价。起义军受到了很大的打击，他们所占领的很多地方都失陷了，起义军的大将姚周也战死了。

为了重振士气，庞勋采用了周重的倡议，他杀死了多名被俘的朝廷官员，其中就包括崔彦慎，然后起义军正式打出了反旗。庞勋在誓师大会上大声疾呼："勋始望国恩，庶全臣节；今日之事，前志已乖。自此，勋与诸君真反者也，当扫境内之兵，勠力同心，转败为功耳！"表示自己原本是感念国恩的，想要为国效力。但是现在朝廷将他当成了反贼，所以倒不如现在真的反了。

在庞勋正式打起反唐的旗号之后，战事一度发生了改变，之后又多次打败了王晏权，朝廷被逼无奈只好再次更换将领。

面对这种情况，康承训利用沙陀骑兵的优势，重新调整了作战计划，然后朝廷军队以更强劲的来势向起义军的各城展开了进攻。面对各地的连续失守，一直负责镇守宿州的张实给庞勋提出了一个建议，他认为现在全国的兵力都聚集在了徐州，这时西方一定处在兵力空虚的状态，所以如果这时起义军能够带兵出击，一定能够出其不意，就这样在攻击宋州、亳州之后，唐军一定会调兵救援，这时起义军在徐州城外设好埋伏，就一定可以大败唐军。那时已经被逼无奈的庞勋接受了这个建议，他亲自带兵出彭城，向西经宋州、亳州等地，希望可以通过两线作战来打破官军对他的包围。

但是出兵在外的庞勋还没有到达宋、亳二州的时候，负责镇守宿州的张玄稔就已经投降唐军了，对于他的投降，当时其他的起义军并不知情，在这种情况之下，张玄稔带领大军来到徐州下，表明要进入徐州，当时的徐州守将以为他是来帮忙对抗唐军的，所以很轻易地就放他进入了城中。这时张玄稔就和一直围在城外的康承训里应外合，攻陷了徐州城。在激战之后，彭城陷落，守将战死。

徐州城的失守使康承训可以回军追杀庞勋，同时出征的庞勋在攻打宋州失利之后准备转攻亳州之时，被沙陀骑兵追击，无奈之下他想要返回彭城，但是这个计划没有实现，因为他们在沙陀骑兵的围攻之下全军覆没了。在庞勋战死之后，驻守濠州城的吴迥部在和唐军僵持了半年之后，因为弹尽粮绝，在突围时全军覆没。

庞勋起义维持了一年零两个月，是继裘甫起义之后的又一次大规模农民起义，正所谓"唐亡于黄巢而祸基于桂林"，可见庞勋起义在唐末的农民起义战争中占有非常重要的地位。

满城尽带黄金甲

黄巢是曹州冤句县人，原本是一个盐商家庭的孩子，他精通于骑射，同时还颇有文采，能够作诗。五岁时，黄巢的父亲让他以菊花为题作一首诗，黄巢随口就作了一首诗，其中两句是"堪于百花为总首，自然天赐赫黄衣"。黄父听了很不满意，因为黄巢诗作得还不错，可是其中的王者气度不是一个普通的孩子应该具有的，在君权至上的古代，这样的诗如果不是出自一个五岁幼童之口，甚至可以作为心存不轨、意图谋反的证据。

黄巢自幼就有凌云之志，不甘于人下，但是在他成年之后多次参与科举，却是屡试不中。面对这种状况，失意的黄巢决定弃文从武，继承祖业。他豪爽豁达、喜爱扶危救急，结交了不少英雄豪杰，也收留了很多投奔于他的亡命之人，由此组织起了一支武装队伍，这就是他后来起兵造反的基础。

其实唐末的农民起义领袖大多是靠贩卖私盐起家的，像黄巢、王仙芝、王建、钱镠、徐温等无不如此。这和当时的历史环境密不可分，盐是人们生活的必需品，但是唐朝的盐业牢牢掌握在政府手中，任何私下贩卖盐的行为都被严厉禁止。

由于唐朝政府对于私盐贩子的严厉打击，他们不得不去结交社会上三教九流的人物，扩充自己与政府对抗的实力，而私盐带来的高额利润，也为私盐贩子们提供了雄厚的经济后盾。这些都是他们后来能够组织起义军反叛朝廷，甚至自立为王的条件和基础。

唐僖宗乾符元年，关东大旱，百姓颗粒无收，面对这种情况当地的官员们不但没有给予百姓们帮助，反而还强迫他们必须按规定缴租税，服差役。走投无路的百姓们纷纷投靠黄巢，希望能得到帮助。在这种情况下，黄巢和当地的官府已经发生了多次的抗争，所以当他听到王仙芝起义的消息，看到王仙芝起义的檄文的时候，就下定决心参加王仙芝的起义军。

于是当王仙芝带领着尚君长等人攻破濮、曹二州，攻入郓州之后，黄巢在冤句揭竿而起，响应王仙芝的起义，并且很快招募了数千人前来投军。黄巢和王仙芝一起打着起义的大旗，到处征战，并且得到了天下人的响应，这支起义军联军在短短的数月之中就发展到了数万人。

黄巢的军队最初开始进攻沂州但是未能成功，于是就开始在山东、河南等地转战进攻，成功攻占了阳翟、郏城等八个县。到了乾符三年的九月，黄巢和王仙芝的军队攻占了汝州，并杀死了唐朝的大将董汉勋，俘虏了宰相王铎的堂弟汝州刺史王镣，这之后起义军的目标就指向了东都洛阳。

受到威胁的朝廷看到起义军来势汹汹，一味态度强硬地派军平叛效果并不很好，因此下令招安起义军领袖，将王仙芝封为左神策军押牙兼监察御史。对于这次招安黄巢非常反对，甚至对心存动摇的王仙芝破口大骂，最终这次招安以失败告终，但是从这以后，黄巢王仙芝就开始分兵行动，之后虽然有过短暂的合作，但是没能长久地在一起。

乾符四年二月，黄巢带领军队成功地攻占了郓州，杀死了节度使薛崇。同年三月，又将沂州攻破。乾符五年（878年）的二月，王仙芝在黄梅战败，被曾元裕部斩杀。这样王仙芝的余部面临着群龙无首的状况，于是他们决定投靠黄巢，这时黄巢正带兵攻打亳州，就在战事胶着不前的时候，尚让率领着王仙芝的部队来投靠，使得黄巢的部队实力大增。这之后黄巢成了整支起义军的首领，他统领着这支队伍继续和唐王朝抗争着，黄巢被人们推选为王，称"冲天大将军"。

乾符五年（878年）的三月，黄巢带领军队开始进攻汴、宋二州，这次的进攻被时任东南面行营招讨使张自勉成功地阻击了，于是黄巢开始转而进攻叶、阳翟等地。为了抵御黄巢的军队，朝廷在东都附近的伊阙、武牢等地派遣了三千士兵守卫，面对这种局面，黄巢挥兵南下，和王仙芝的旧部遥相呼应，他们接连攻占了饶、信等州。同年十二月，黄巢军成功进入福州。

就这样起义军渐渐向南推进，乾符六年（879年）的九月，最终攻下了广州，并且俘获了岭南东道的节度使李迢。之后黄巢又派兵攻击桂州，进而控制了整个岭南地区。

当时的岭南气候十分湿热，黄巢军队中的很多将士死于瘴疫，将士们都请求黄巢北归，以成大业。就这样，黄巢带领部队从桂州出发，乘坐木筏，他们沿着湘江而下，直逼江陵，他们的目标是北上襄阳。一路征战下来，起义军的队伍已经扩大到了五十万，沿途的很多城市成了起义军的囊中之物。

连番的胜利使黄巢开始轻敌，所谓骄兵必败，起义军后来进攻荆门时果然大败于山南东道节度使刘巨容的部队，遭受了惨重的损失。面对这种情况，黄巢只能带领起义军再次南下。

南下的起义军中再一次爆发了瘟疫，这场瘟疫使得起义军遭到重创。此时淮南节度使高骈的部下张璘又率军围攻黄巢，为了拖延时间赢得转机，黄巢再次诈降。高骈得知黄巢请降的消息之后，欣然同意了黄巢的要求，并且答应帮他谋求一个节度使的职位。为了表示诚意，也为了独占功劳，高骈竟然将各地的援军都遣送了回去。黄巢趁此机会立刻出兵击杀了张璘，这次的胜利使得低迷已久的起义军士气大振。这之后起义军连战连捷，一鼓作气攻克了睦州、婺州等多个城市，之后更是渡过了长江，兵力直指淮南。

与黄巢军队万众一心、势如破竹相比，朝廷派来平叛的各路军队之间矛盾重重，无法协调，很多城市更是发生了兵变。这样的联军显然无力阻挡起义军前进的步伐，联军的防线就这样不攻自破了，起义军渡过了淮水，进入中原。

当时的宰相王铎认为黄巢只不过是一些乌合之众，所以他主动请战，对于他的请战唐僖宗感到非常高兴，僖宗一口答应了王铎，派他带兵征讨黄巢。然而，随着王铎出战的，除了朝廷派给的大军，竟然还有他的姬妾。对于他的这种行为，被留在京城的正房夫人十分恼怒，甚至派遣丫鬟到前线向王铎问罪。

无奈的王铎只得对自己的幕僚们连连感叹，说现在黄巢在北上，但是夫人又要南下了，自己到底该怎么办？他的那些手下们和他开玩笑说，要不大人可以先投降黄巢，躲躲风头。由此可见当时军纪之松散，大臣将军国大事当儿戏的做派。

当时朝廷任命李系为行营副都统兼湖南观察使，派遣他带领十万大军驻守在潭州，期望他能够阻断黄巢前进的步伐，但是当起义军攻占了永州和衡州，抵达了潭州城下之后，胆小的李系不敢应战，他紧闭城门，躲避着黄巢的军队，起义军用了不到一天的时间就攻下了潭州，湘江的水全都被十万唐军的血染红了。之后黄巢军乘胜追击，他率领着五十万大军逼近江陵，然后兵不血刃地占据江陵。

广明元年（880年）的八月，黄巢军成功打败了曹全晟，他们渡过了淮河，高骈不敢和黄巢军队抗争，只是留在扬州，观望形势，各州县更是纷纷投降，到了十月，申州被黄巢攻陷，起义军进入了颍州、宋州、徐州、兖州等地。十一月的时候，黄巢的军队行至汝州，他们于十七日攻下了东都洛阳，王铎的防线很快就被黄巢攻破了。十多天后，起义军从洛阳出发，继续向西行进，在激战了六日之后，黄巢又一路向潼关进攻，最后终于杀到了长安城下。

不久，黄巢带兵攻进了长安城，当时的金吾大将军张直方带领着众人迎接黄巢进入皇城中，黄巢治军严谨，他命令部下"整众而行，不剽财货"。因为如此，这支大军在取得胜利之后依然能够在城内保持军纪严明，他们告诉城中的人："黄王起兵，本为百姓，非如李氏不爱汝曹，汝曹但安居无恐。"同时黄巢向贫民们分发财物，因此起义军受到了百姓们的热烈欢迎。

广明元年的十一月一日十六日，黄巢在含元殿称帝，他建立了大齐政权，将年号定为金统。对于原来李唐王朝的官员，黄巢留用了四品以下的，其他的高官全都遭到了罢免。黄巢任命尚让做太尉兼中书令，任命赵璋为侍中，任命孟楷、盖洪为尚书左、右仆射，任命皮日休为翰林学士。

但是没过多久，黄巢所立的军规就荡然无存了，黄巢的那些部下，在城中烧杀抢掠无所不做，就连黄巢也禁止不了，这样导致了留守在长安的唐室官员整日惶惶。同时黄巢对于逃走的唐僖宗没有及时派兵追击，给了唐军喘息的机会，这些都为黄巢起义的失败埋下了祸根。

第五章

日落长安，众叛亲离的大唐残照

被挖墙脚的杨复恭

唐昭宗李晔是唐懿宗第七子，根据立嫡立长的原则，本来没有资格继承皇位，因此他在十六王宅居住时并没有参与朝政的念头，只将精力花费在了读书、音乐、骑射等业余爱好上，或者与二三同好饮酒畅谈、吟诗作对来打发时间。后来他随僖宗皇帝出逃蜀中，一路上看到乱世烽烟、刀兵处处、十室九空、民不聊生的惨景，受到震撼的李晔对于如何解决晚唐宦官专权、藩镇林立、叛乱纷起的乱局进行了深入的思考。到成都后，由于随行人员有限，从不参政的李晔也得到了参与政事的机会，并且受命掌管随侍禁卫。

回到长安后不久，僖宗驾崩，李晔被立为新皇，初掌大权的李晔意气风发，他很高兴自己成为了大唐的皇帝，掌握全天下至高无上的权力，终于可以为饱受荼毒的李氏王朝以及天下苍生做些什么了。

他一腔热血地准备重整河山，恢复祖宗基业，他礼遇贤臣、重视儒家经典、勤奋地研读经史，力图寻求为万世开太平的治国之术，又招募十万大军，试图以此增强朝廷的军力，以威慑天下各自为王的诸家藩镇。《旧唐书》称："帝攻书好文，尤重儒术，神气雄俊，有会昌之遗风。以先朝威武不振，国命浸微，而尊礼大臣，详延道术，意在恢张旧业，号令天下。即位之始，中外称之。"

然而沉疴难返的大唐已经日薄西山，昭宗这剂药即使下得再猛，又怎能治愈病入膏肓的病人呢？百年来诸家藩镇各自为政，在各自的地盘经营势力、延伸触角，盘根错节地扎根在本属于大唐的土地上。而本属家奴之辈的宦官们也登堂入室，不仅参与政事，甚至可以肆无忌惮地谋杀、废立皇帝，成为皇权的实际掌控者，连受儒家教育熏陶，以忠君爱国为道德准则的朝廷大臣们也与这些宦官们相互勾结，往往牵一发而动全身。

面对这些多年痼疾，勇如武宗、智如德宗都无法撼动分毫，更何谈这位二十出头的年轻人呢？这样的冲动和热血，得来的也只能是冷水和打击，以及一次次挫折后的绝望了。

泼到他头上的第一盆冷水来自拥立他的"盟友"宦官杨复恭。昭宗即位后，杨复恭身兼六军十二卫军容使、左神策军中尉之职，掌握着戍卫京师的禁军，而且自恃拥立有功，不仅独揽朝政大权，凌驾于宰相之上，甚至连皇帝都不放在眼里，将昭宗视为他的门生，在昭宗面前以座主自居，大失人臣之礼。但是杨复恭权大势大，刚刚登基，实力薄弱的李晔也只能忍气吞声，看着杨复恭在朝廷和后宫横行无忌，还不得不为他的拥立之功赐予丰厚奖赏，并加封金吾上将军。

为了巩固自己的地位、扩大自己的势力，杨复恭广收义子、培植党羽，任命他们为禁军将领、节度使等重要职务，例如其心腹义子杨守立被任命为天威军使，杨守信则任玉山军使，杨守贞授龙剑节度使，杨守忠为武定节度使等，这些义子遍布天下，控制着地方军政大权，号称"外宅郎君"。此外有六百余义子被派遣至诸藩镇为监军使，密切杨复恭与藩镇的联系，杨复恭还与河东节度使李克用关系十分密切，有了最强藩镇的守望相助，杨复恭在朝廷的地位就更加稳固了。

励精图治，力求剪除宦官势力，重振朝纲的皇帝对上实力雄厚，目中无人的大宦官，一场冲突在所难免，而这冲突由暗转明则来自一次对话。一次昭宗召宰相入宫，商讨如何解决天下纷起的叛乱，孔纬说陛下身边就有反叛者尚未剪除，又何谈平定四方呢？昭宗便问孔纬指的是谁。

孔纬凌厉地瞪了一眼杨复恭，平静地说："复恭陛下家奴，乃肩舆造前殿，多养壮士为假子，使典禁兵，或为方镇，非反而何！"叛乱是祸延九族的大罪，嚣张如杨复恭也承当不起，于是急忙澄清说："子壮士，欲以收士心，卫国家，岂反邪！"孔纬不再作声，只看着昭宗，于是昭宗一声冷笑，说出了一句诛心之言："卿欲卫国家，何不使姓李而姓杨乎？"

这件事就此作罢，因为昭宗毕竟还没有除掉杨复恭的实力，杨复恭却已怀恨在心，不过他也不敢直接对皇帝下手，于是便将矛头对准了皇帝的舅舅王瓌，打算杀鸡儆猴。于是杨复恭上奏昭宗，请将王瓌任命为黔南节度使，让王瓌离开繁华的政治中心长安而前往荒僻贫瘠的黔南，已经是形同流放，但是慑于杨复恭的威力，昭宗也只能同意，然而杨复恭仍然不满意，于是他又派人追杀王瓌，终于在吉柏江上凿沉了王瓌的座船，可怜王瓌和一船人就这样无辜地葬身鱼腹，成为政治斗争的牺牲品。

痛失亲人的昭宗胸中愤懑无人可解，于是更加坚定了除去杨复恭之心，但是羽翼未丰，毕竟不可轻举妄动。日子平静地过去，突然有一天，昭宗找来杨复恭谈话说："听说你的义子中有一个名叫杨守立的十分英勇，朕想让他入皇宫来做侍卫。"有了之前在御前说过的"欲以收士心，卫国家"的大话，杨复恭无法拒绝，只好将杨守立派给了昭宗。

杨守立并不是一个普通的义子，他任职天威军使，统领禁军，且十分勇悍，是杨复恭的得力干将。昭宗将杨守立召到身边正是为了剪除杨复恭的羽翼，所以杨守立入宫之后，昭宗并没有真的让他做一个普通的侍卫，而是重加厚赏，并赐姓李，改名李顺节，不到一年的时间内就将他拔擢为天武都头兼镇海节度使，不久又加封同平章事，当然同平章事这样的宰相职衔只是虚授，并不是真的赋予李顺节宰相的权力，不过昭宗命他掌管六军管钥，信任有加。

聪明的李顺节自然明白皇上如此扶植自己的目的，那就是对付杨复恭,他自然不会辜负这个新靠山的期望。于是羽翼渐丰的李顺节开始与杨复恭争权夺势,并且一一揭露杨复恭以前的隐秘情报。有了李顺节的投效,昭宗不仅加强了对禁军的控制,削弱了杨复恭的势力,更为杨复恭树立了一个大敌,可谓一箭三雕。

对杨复恭来说雪上加霜的是,与他守望相助的河东节度使李克用被朱全忠、李匡威、赫连铎的联军打得大败,后来昭宗也派宰相张濬率军加入攻打李克用的联军,虽然这一次李克用反败为胜,大败官军,新崛起的强大藩镇节度使朱全忠却站在昭宗的一方,这样一来杨复恭在地方的势力也遭到了打击。

到了大顺二年(891年),昭宗自认羽翼已丰,便断然采取行动,免去杨复恭的观军容使、神策中尉之职,贬为凤翔监军。杨复恭自然不甘心就此被赶出京城,便声称自己身染重病要求致仕归家,昭宗没有看出贬为凤翔监军与致仕回家的重大差别,便顺水推舟地同意了,这就为日后的叛乱埋下了伏笔。

杨复恭在长安的家位于昭化里,距此不远便是玉山军营,正好其义子杨守信正担任玉山军使,于是致仕回家之后,杨复恭便与杨守信密切往来,谋划发动叛乱。然而他们的阴谋很快便败露了,昭宗收到报告说杨复恭与杨守信密谋叛乱,于是命令天威都头李顺节、神策军使李守节率领手下禁军攻打杨复恭的家。

不甘束手就缚的杨复恭十分勇悍,竟然率领家丁与禁军对抗,杨守信也率玉山营兵加入战团。杨复恭和杨守信的部下不敌不断增援的禁军,很快便败溃逃散,杨守信保护杨复恭逃出京城,来到杨复恭从弟杨复光的养子杨守亮任节度使的兴元,联合一批义子公开造反。

大顺三年(892年),昭宗任命凤翔节度使李茂贞为招讨使,联合邠宁王行瑜、华州韩建、同州王行约等出兵攻打兴元所在的山南西道,杨复恭等人大败而逃,途经华州时落到了宿敌韩建手中,杨复恭和杨守信被韩建下令处死,其他党羽如杨守亮等则被送往京师,被昭宗下诏处死,一代权监杨复恭就此惨淡收场。

被宦官囚禁的皇帝

从二十五岁开始参加黄巢军的朱温,在这场天下大乱的混战中不断沉浮,率领着一支普通人马,东征西战,南讨北伐,其间有胜有败,胜多败少,经过二十余年的苦心经营,到光化二年(899年),四十七岁的朱温已经成为天下最强大的军阀。

朱温在中原大杀四方之时,唐昭宗却在长安城内过着朝不保夕的日子。和每日花天酒地、不理朝政的兄长唐僖宗相比,唐昭宗对国事政务要上心得多。可是在军阀混战不休,中央政府名存实亡的残唐,唐昭宗的这种性格反而使他的处境更加危险。此时的唐帝国,甚至连长安附近的地区都无法控制。凤翔、邠宁和华州三镇,就像达摩克利斯之剑一样悬在唐昭宗的头上,让他日夜坐卧不安;而各节度使的骄横自大,更让他气愤难忍。

为了解除藩镇对自己的威胁,唐昭宗曾经组织宗室诸亲王建立军队用以自保,甚至直接派禁军攻打日益强大的藩镇。可是久疏战阵的禁军根本不是从修罗场里杀出来的藩镇军的对手。唐昭宗一次次的努力换来的只是无数次的出奔和被囚。长此以往,唐昭宗终于放弃了无谓的努力。

如果说他之前还有些重振大唐的伟大志向,那么如今也早已被残酷的现实击得粉碎。地方的藩镇争斗丝毫没有停止的趋势,反而战火越烧越大,蔓延整个中原地区;而在中央,尽管朝廷的威权已经消失殆尽,但南衙北司之间的斗争依然如故,甚至有愈演愈烈之势。为了在政治斗争中获胜,朝臣和宦官都借助藩镇的力量,说到底,朝廷也不过是藩镇的傀儡而已。

光化三年(900年),依附于凤翔节度使李茂贞的宦官宋道弼、景务修和宰相王抟勾结,声称宰相崔胤与朱温内外联络,把持朝政,唐昭宗闻听此言勃然大怒,当即将崔胤贬为清海节度使,命其即日离开长安。谁知崔胤即刻给朱温修书一封要他帮忙。

第四卷 夕阳西下，无可挽回的衰败◇

果然，崔胤前脚刚走，后脚朱温的奏折就送来了，声称崔胤是值得信赖的重臣，决不能离开长安，否则将危及朝廷，宰相王抟勾结宦官，祸乱朝廷，理应处死云云。见到这封语带威胁的信，唐昭宗无计可施，只得将崔胤又追回来，重新任命为宰相，同时免去王抟、宋道弼和景务修的职务并流放外地，不久干脆又处死三人。在这场闹剧中，宦官与朝臣攻讦不休，只可怜唐昭宗就像玩偶一样，被藩镇玩得团团转。

外有藩镇不时作乱犯上，内有朝臣钩心斗角。唐昭宗看着这一切，深知李唐皇室的天下就要完了。无可奈何之际，只得整日以醇酒妇人聊以遣怀，对国事不闻不问，听凭官员们胡闹。右拾遗张道古忠心耿耿，见唐昭宗这样，甚为痛心，毅然上书，耿介直言，不料唐昭宗闻言大怒，立刻将张道古贬职并流放到蜀中。朝臣尚且如此，那些宫内的小宦官和宫女就更是倒霉，经常被喝得酩酊大醉而性情大变，喜怒无常的唐昭宗因为丁点儿大的小事处罚甚至处死。一时间，宫中人心惶惶，人人自危。

唐昭宗如此行事，未免没有韬光养晦、借以避祸的想法，可是他毕竟还是棋差一着，唐昭宗没想到，他在宫内大开杀戒，引起了高级宦官们的疑虑和担心。虽然受罚的只是些底层宦官，但谁知道哪一天唐昭宗会不会忽然拿他们出气呢？而且，景务修、宋道弼之死，也让他们大有兔死狐悲之感。于是，以枢密使、神策军左中尉刘季述为首，一个阴谋集团逐渐形成了。

光化三年十一月初四，唐昭宗到城北的皇家苑囿狩猎，收获颇丰；兴高采烈的唐昭宗当晚大宴群臣，觥筹交错，甚是开心。直到夜半时分，酒足饭饱，酩酊大醉的唐昭宗跌跌撞撞回到寝宫，顺手又杀了几个躲闪不及的小宦官和宫女，然后沉沉睡去。沉浸在梦乡中的唐昭宗并不知道，多灾多难的李唐皇室又面临着一场劫难。

由于唐昭宗喝得烂醉，一直到第二天天光大亮，他还在呼呼大睡，自然，皇宫的大门也就没有开启。这本是十分正常之事，但在刘季述看来，这是个天大的好机会。于是，他假作关切地对正在中书省的崔胤表示，宫门紧闭，万一出事，做臣下的当如何自处？不如我们进去看看如何？崔胤不疑有他，便同意了刘季述的要求。没想到，刘季述却趁机调集千名禁军，裹挟着崔胤，打破宫门，长驱而入，将皇宫围了个水泄不通。

刘季述同崔胤进得宫来，自然看到了前夜殒命的几个宦官宫女尸横满地的惨状。崔胤正在皱眉心想解决之法，早有准备的刘季述却缓缓地发话了："眼看皇上如此荒唐，如何君临天下，治理国政？倒不如废了这昏君，另立太子为善。为了国家社稷，你我也顾不得许多了。"

崔胤也不是笨蛋，他立刻明白了这一切都是刘季述早就安排好的，故意叫原本与其不睦的自己进宫当个唐昭宗"荒淫无道"的见证人。原本崔胤还打算反驳两句，可是当他看到四周弓上弦剑出鞘杀气腾腾的禁军时，就一下子什么都说不出来了，只好唯唯诺诺地附和刘季述的意见。

拿住了崔胤的刘季述迅速以崔胤等朝臣的名义写了一份联名状，要求唐昭宗逊位，请太子监国，此时崔胤已是身不由己，只好联合百官在上面一一签名。得到这份联名状的刘季述胆子更大、底气更足了。于是，已经做好万全准备的刘季述一面召集文武百官入宫见驾，一面授意禁军在进入皇宫后大声鼓噪。唐昭宗在思政殿甫一坐定，耳边听到的却都是士兵的喊杀之声，唐昭宗当即吓得面无人色，从龙床上直跌下来，手脚并用地就想逃走。

刘季述看着狼狈至极的唐昭宗以及闻讯赶来的皇后，脸上泛起一丝冷笑。他拿出那张联名状，对唐昭宗说道："陛下不必惊慌，这是群臣看陛下每天喝酒作乐，似乎不想做皇上了，因此百官一致建议陛下退位，请太子殿下监国呢！"唐昭宗闻听此言，还想嘴硬，便道："昨天和百官喝酒，只是喝多了些，怎么就弄成这个样子！"

刘季述哪里还容得唐昭宗分辨，便上前一步，正言厉色道："这是南衙文武百官的一致意见，老奴也没有办法。陛下还是先避避风头，等过了这阵子再说吧！"无奈的唐昭宗只得命皇后何氏将传国玉玺取出交给刘季述，随即同何皇后及十几个内侍在小宦官和禁军的"护送"

下,被软禁在了少阳院。

被囚禁起来的唐昭宗一行人,受到了刘季述极其严苛的对待。刘季述对唐昭宗积怨已久,好容易抓到这个机会,便像训斥小孩儿一样把唐昭宗骂个狗血喷头。据《资治通鉴》记载,刘季述用一条银手杖指着唐昭宗,声色俱厉讲道,某年某月某日,你某件事不听我的意见,这是一件……前前后后居然讲了几十条。刘季述离开之时,命令左军副使李师虔率兵把守,又亲自将少阳院关门落锁,并将锁眼以锡水封死。只是在墙上凿了一个小洞,用来递送饮食,其余物品一概不得递送。

由于事起仓促,唐昭宗随身的物品携带极其有限,甚至连换洗衣服都没有。至于衣衫单薄的女眷,更是冻得发抖,每日号啕不止。唐昭宗先后想要点银钱布匹和笔墨纸砚,都被刘季述一口回绝,至于剪刀针线更是不许递进去。唯恐这位昔日的大唐天子一时想不开自杀了。刘季述的意思很明白——让唐昭宗求生不得,求死不能。

解决了唐昭宗的问题,刘季述接着又带兵直扑太子所在的东宫,对此事毫不知情的太子李裕还不明白是怎么回事儿,就被刘季述裹挟着来到了宫中,随即被立为皇帝,改名李缜。同时唐昭宗被"尊"为太上皇,少阳院也被改为问安宫。

帝国日落

到了唐哀帝继位后,明眼人都看得出来,处在风雨飘摇中的唐帝国已经难逃灭亡的命运,然而,大权在握的朱温还没有收起他的屠刀,他还需要更多的鲜血为自己的新王朝献祭。

天祐二年(905年)五月七日,夜间忽现彗星,这一"不吉之兆"无疑让已经摇摇欲坠的唐帝国更加人心惶惶。"可怜夜半虚前席,不问苍生问鬼神",不知如何是好的唐哀帝只得求助于阴阳鬼神之道。司天监占卜的结果,自然显示大凶,需要杀一批人以消灾免祸。

这时候,朱温的第二号谋士李振又发话了。在朱温为是否要西进长安解救昭宗而犯难时,此人曾经发挥了重要的作用,后来又为朱温多次献计献策，因而甚得朱温信赖。虽然李振也算是个舞文弄墨的读书人，但他和朝中那些或是名门望族之后，或是进士明经出身的大臣们不一样。他虽然是潞州节度使李抱真的曾孙，也算出身于名门，但这位节度使大人是出自昭武九姓的胡人，原本是安姓，因此李振算不得士族之后；此外，李振年轻时曾经在咸通、乾符年间多次参加科举考试却都名落孙山，他不反思自己的学问是否够好，却偏执地认为是主考官歧视他。凡此种种，都让李振对朝中文臣十分仇视，处处和他们为仇作对。而李振也因此名声不佳，得了个"猫头鹰"的外号。

当李振得知司天监的建议后，他顿时生出了一个恶毒的主意。他对朱温表示，残唐朝廷之所以混乱无能，都是被所谓的衣冠士族败坏的，这批人自恃门第高贵，又精通学问，绝对不会为新朝廷所用，不如趁此机会斩草除根。

这番话深深地说到了朱温心坎里。作为一个出身草莽的起起武夫，朱温其实对读书人有着天生的轻视和厌恶。据说，朱温有一次行军，在一棵柳树下休息，忽然自言自语道："好大的柳树，可以做车毂。"同在树下休息的几个书生模样的人便顺口附和他。谁知朱温突然翻脸，勃然大怒道："你们这些书生，就会顺口胡说八道。做车毂要用夹榆，怎么能用柳木？"说完，居然命手下将这几个人活活打死。朱温对书生的残酷，由此可见一斑。

如此一来，朱温自然对李振的建议十分赞同。于是在朱温的示意下，唐哀帝将朝中的左仆射裴枢、右仆射崔远、吏部尚书陆扆、工部尚书王溥、守太保致仕赵崇、兵部侍郎王赞等一批官员共三十余人统统贬职，流放到外地。当他们经过滑州白马县的白马驿时，朱温又下起毒手，将其统统杀害。

行刑前，李振又建议朱温，这帮人平常骄傲得了不得，自称为"清流"，不如把他们投入黄河，以后他们就是浊流，永世不得翻身。朱温狞笑着接受了他的建议，于是这些人的尸首都被投入了黄河，从此杳无踪影。

这场史称"白马之祸"的大屠杀从某种意义上说宣告了唐朝的灭亡，只剩下一个光杆司令——唐哀帝，已经实在不足以称为一个政府了。不仅如此，"白马之祸"给后世也造成了深远的影响：自汉魏以来逐渐崛起，在六朝时臻于极致，影响中国数百年的门阀贵族从此彻底烟消云散，旧时王谢堂前燕再也难寻踪迹。

"白马之祸"过后，朝堂几乎空无一人。为了装点门面，朱温又起用了一批在昭宗时不得志的士人，并强迫各地名士入朝为官。可在此乱世，稍有见识的人大多闭门不出，唯恐惹祸上身，谁会自投罗网呢？朱温新提拔的宰相杨涉，在得知升官的"喜讯"后，居然吓得大哭起来，并对儿子杨凝式说，世道崩坏，身陷罗网，真怕有朝一日连累你们啊。于是响应者寥寥，朝堂之上，好不冷清。

不过朱温已经不在乎这个了。他已经迫不及待地想要登基做皇帝、尝尝当天子的滋味了。于是，他命令宰相柳璨和枢密使蒋玄晖策划唐哀帝禅位的有关事宜。柳璨和蒋玄晖经过仔细研究，拿出了一套按部就班，循序渐进，堪称"正统"的篡位程序。按照两人的想法，根据魏晋以来的传统，首先要裂土封王，然后再加九锡之礼，最后才能禅位。而且考虑到各个藩镇对朱温虎视眈眈，贸然称帝很可能激化矛盾，引发战争，因此建议朱温不要轻举妄动，应该缓缓图之。

柳璨和蒋玄晖自以为这个计划完美无缺，于是便怂恿唐哀帝任命朱温为相国，统摄朝政，又封为魏王，并划出二十一道作为封国，并赐予九锡，等等。谁知道这个建议大大地触怒了朱温，对读书人不屑一顾的朱温怎么可能看得上那一套繁文缛节呢？他所要的只是结果而已。于是面对唐哀帝的封赏，朱温竟然怒不受命，经过多方劝说才勉强接受。

柳璨和蒋玄晖恐怕做梦也没想到，经过此事，朱温对他们俩产生了怀疑，认为他们是为了拖延朱温登基称帝，好与其他藩镇勾结，匡扶皇室。见此情况，素与此二人不和的宣徽副使王殷、赵殷衡趁机向朱温密奏，说柳璨和蒋玄晖以及太常卿张廷范忠于唐室，密谋恢复唐朝,蒋玄晖还与何太后有染。"

朱温闻言自然大怒,于是立刻将二人先后处死,并给了蒋玄晖一个不伦不类的称号"凶逆百姓";太后也未能幸免,在宫中被杀死,并被废为庶人。柳璨临刑前,大呼道:"负国贼柳璨,死其宜矣!"一副人之将死其言也善的样子。其实唐之覆亡,并不能怪罪于柳璨等人,他们只是这场注定发生的悲剧中的悲剧角色而已。

不过,此后朱温并没有忙着从早就做好禅位准备的唐哀帝手中接过皇位。因为此时战争再次爆发,朱温亲自出兵攻打幽州刺史刘仁恭。刘仁恭在朱温的持续进攻下疲于招架,只得向李克用求援。李克用随即出兵进攻朱温的侧翼潞州。原本镇守潞州的是朱温的爱将丁会,但当丁会得知朱温弑唐昭宗企图篡位的恶行后,对其大失所望,便趁李克用出兵之际向其投降。朱温的老巢汴州一带顿时门户大开。正在全力进攻沧州的朱温只得退兵。

这场波折虽然让唐哀帝在帝位上多坐了一阵,但也没有持续太长时间。吃了败仗的朱温为了安定人心、提振士气,终于决定正式称帝。天祐四年(907年)正月,回到汴州的朱温趁薛贻矩前来慰劳之时,让他向唐哀帝传达了禅位的意愿。此话一出,小皇帝怎敢不从?于是在宰相张文蔚的率领之下,百官纷纷劝进,一些支持朱温的藩镇也先后上表。

虽然满心欢喜,但朱温还是假意推辞了几番,先演了一番"周公吐哺天下归心"的戏。接着便堂而皇之地在汴州早就建好的宫殿内,接受了百官的朝贺。四月十八日,朱温正式举行了禅位仪式,定国号为大梁,改汴州为开封府,定为国都,改元开平,并大赦天下。唐哀帝则被封为济阴王,被囚禁于曹州。第二年,年仅十七岁的末代唐皇也被朱温斩草除根。

从武德元年唐高祖李渊建立,到天祐四年唐哀帝李柷禅位,立国二百八十九年,历经二十二帝的唐朝至此覆亡。从此,中国再次进入了一个四分五裂、征战不休的战乱时期——五代十国。直到北宋建隆元年(960年),宋太祖建立宋朝,中国才再次进入统一时期。